# FRANÇAIS INC.

## 2ᵉ édition

## Guide pratique du français des affaires et des professions

**Hervé de Fontenay**
*Université McGill*

**Marie-Claude Beauchamp**
*Université McGill*

**Hélène Durret**
*Université McGill*

**Chenelière/McGraw-Hill**
MONTRÉAL • TORONTO

**Français inc., 2e édition**

Hervé de Fontenay, Marie-Claude Beauchamp,
Hélène Durret

© 1996 Les Éditions de la Chenelière inc.

*Coordination:* Ginette Duphily
*Révision linguistique:* Guy Bonin
*Correction d'épreuves:* Maude Noël
*Infographie:* Louise Besner/Point Virgule
*Couverture:* Josée Bégin

**Données de catalogage avant publication (Canada)**

Fontenay, Hervé de, 1948-

    Français inc.

    Éd. précédente: Montréal: Études vivantes, 1990.
    Comprend des réf. bibliogr. et des index.

    ISBN 2-89461-031-9

    1. Français (Langue) — Français commercial —
Problèmes et exercices. 2. Correspondance commerciale
— Problèmes et exercices. 3. Français (Langue) —
Grammaire — Problèmes et exercices. 4. Français
(Langue) — Emprunts anglais — Problèmes et exercices.
5. Français (Langue) — Stylistique — Problèmes et
exercices. 6. Vocabulaire — Problèmes et exercices .I.
Beauchamp, Marie-Claude, 1953-   . II. Durret, Hélène,
1940-   . III. Titre.

HF5728.F7F65 1996   808'.06665041   C96-940857-9

**Chenelière/McGraw-Hill**
7001, boul. Saint-Laurent
Montréal (Québec)
Canada H2S 3E3
Téléphone: (514) 273-1066
Télécopieur: (514) 276-0324
Courrier électronique: chene@dlcmcgrawhill.ca

**ISBN 2-89461-031-9**

Dépôt légal: 3e trimestre 1996
Bibliothèque nationale du Québec
Bibliothèque nationale du Canada

Imprimé et relié au Canada

3  4  5  6  7  AGMV  07  06  05  04  03

Dans certaines parties de ce manuel, le genre masculin est
employé à titre épicène.

L'éditeur a fait tout ce qui était en son pouvoir pour retrouver
les copyrights. On peut lui signaler tout renseignement
menant à la correction d'erreurs ou d'omissions.

# Avant-propos

La communication écrite constitue une activité essentielle dans le monde des affaires et des professions. Au travail, on doit à tout moment écrire pour demander, informer, expliquer, justifier, convaincre. Ces communications doivent être efficaces, précises et courtoises si l'on veut qu'elles atteignent leur but. En outre, leur qualité contribue à rehausser l'image de l'organisation dont elles sont issues. Il est donc important de bien connaître et d'appliquer les principes et les techniques qui sous-tendent toute bonne rédaction à caractère professionnel.

Deux nouveaux auteurs, Marie-Claude Beauchamp et Hélène Durret, se sont joints à l'auteur de la première édition pour développer cette deuxième édition de *Français inc.* Il s'agissait pour nous non seulement d'une révision et d'une mise à jour, mais également d'un approfondissement de l'approche et de la méthode qui ont fait le succès de la première édition. L'utilisateur trouvera donc dans ce manuel un outil d'apprentissage adapté aux réalités complexes du monde du travail d'aujourd'hui et une méthode qui aura largement fait ses preuves.

Ce manuel permet l'étude du code grammatical, du code typographique, du vocabulaire spécialisé, du style commercial, du protocole épistolaire et des stratégies d'organisation, de rédaction et de révision de texte. Il vise à développer un savoir et un savoir-faire, un ensemble d'habiletés permettant à l'apprenant d'atteindre la plus grande autonomie possible dans la production de ses documents écrits.

Le manuel se divise en trois grandes sections:

La première partie comprend, en deux leçons, l'étude du protocole épistolaire et du code typographique de base. Les définitions et les règles contenues dans cette partie aideront les apprenants à reconnaître les usages tandis que les exercices leur permettront d'atteindre rapidement une certaine maîtrise.

La deuxième partie traite de la correspondance et de la rédaction commerciale. Les principaux types de communications d'affaires sont abordés dans les quatre leçons de cette partie. L'étudiant y trouvera des documents authentiques, des modèles de texte et des exercices d'application. Les communications d'affaires sont présentées selon leur difficulté, des plus simples aux plus complexes. L'utilisateur peut toutefois choisir sa matière selon l'ordre qui lui convient le mieux.

La troisième partie comprend l'étude de la langue proprement dite. Chaque leçon est divisée en quatre sections: grammaire, anglicismes, vocabulaire, stylistique. L'étudiant trouvera dans cette partie une grande variété d'exercices de systématisation, de renforcement, de substitution et d'association. L'ensemble respecte une progression sur le plan des régularités grammaticales et stylistiques.

À la fin du livre sont groupés des tableaux, de consultation rapide, qui donnent des conseils pratiques sur la stylistique du français des affaires et des professions ou qui illustrent différentes règles grammaticales. On trouvera également un index grammatical et un index lexical.

L'art de bien communiquer par écrit exige l'acquisition de techniques précises qu'on ne peut maîtriser sans une pratique rigoureuse et systématique. Il demande également une compréhension du phénomène de la communication et une grande curiosité envers la langue. La langue commerciale n'échappe pas à cette règle, car elle n'est autre que le bon usage du français, avec ses qualités de clarté et de concision, auquel s'ajoutent des tournures particulières et un lexique spécialisé.

Puisse ce manuel répondre adéquatement aux besoins de tous ses utilisateurs, étudiants, professeurs, gens du milieu des affaires et des professions, administrateurs. Nous espérons qu'ils jugeront avec bienveillance nos efforts pour rendre la démarche pertinente et les exercices, efficaces.

# Table des matières

# Première partie

# Protocole épistolaire et code typographique de base

# Leçon 1

## EXERCICE 1    L'en-tête

Un en-tête est composé des éléments suivants: l'enseigne, la raison sociale (ou la dénomination sociale de l'entreprise), l'adresse postale incluant: le numéro, la rue, la ville, la province, le code postal, le numéro de téléphone, le numéro de télécopieur et l'adresse électronique.

**Chenelière/McGraw-Hill**

**Les Éditions de la Chenelière inc.**
215, rue Jean-Talon Est, Montréal (Québec) Canada H2R 1S9
Téléphone: (514) 273-1066        Télécopieur: (514) 276-0324
Service à la clientèle: (514) 273-8055

VILLE DE
québec

Service
du greffe

**Bureau
du greffier**

2, rue des Jardins
C.P. 700, Haute-Ville
Québec (Québec)
G1R 4S9

# TRIMARK

---

**TRIMARK INVESTMENT MANAGEMENT INC. / GESTION DE PLACEMENTS TRIMARK INC.**

TORONTO
*Head Office/Siège social*
One First Canadian Place
Suite 5600, P.O. Box 487
Toronto, ON  M5X 1E5
(416) 362-8773
Toll Free: 1-800-387-9845
Sans frais : 1-800-200-5376
Fax: (416) 362-8515

*Pick-ups & Deliveries on 55th floor.*

MONTRÉAL
*Sales Office/Bureau des ventes*
1002, rue Sherbrooke Ouest
Bureau 2121, Tour Scotia
Montréal (QC) H3A 3L6
(514) 288-3647
Sans frais : 1-800-567-7760
Télécopieur : (514) 288-0890

VANCOUVER
*Sales Office/Bureau des ventes*
666 Burrard Street
Suite 3230 Park Place
Vancouver, BC  V6C 2X8
(604) 681-9393
Toll Free: 1-800-667-8464
Fax: (604) 681-9355

**De quels éléments est-il composé? Énumérez-les.**

1. _____

2. _____

3. _____

4. _____

5. _____

## EXERCICE 2    La date

La date est indiquée sur une ligne, précédée par le lieu de départ lorsque celui-ci n'est pas dans l'en-tête. Le lieu est suivi d'une virgule et de l'article «le». Les abréviations ne sont pas admises.

**Corrigez les dates suivantes, s'il y a lieu.**

1.  Ce 24 avril 1998                             _____

2.  Hull, 12 Janvier 97                          _____

3.  Mardi, le 3 septembre, 1998                  _____

4.  Montréal, le 28 juin 1996                     _____

5.  Le 6 mars 1997                               _____

## EXERCICE 3    La vedette

Il faut respecter le prénom et le nom du destinataire, son titre ainsi que le service auquel il appartient (lorsque la lettre s'adresse à une organisation, et non pas à une personne en particulier, on indique la raison sociale), le numéro et le nom de la rue, le nom de la localité, du pays (ou de la province) et le code postal.

En Amérique du Nord, on dactylographie la vedette à interligne simple et à cinq lignes plus bas que la date. Il est recommandé de ne pas abréger «Québec» dans la correspondance et de le mettre entre parenthèses.

**A)  Chacune des vedettes ci-dessous comporte un certain nombre de fautes. Trouvez les erreurs et corrigez-les.**

1.  M. Armand Girard          _____      4.  Québec Transport Inc.      _____
    344 ave Beaugrand         _____          1012 Ste. Catherine W      _____
    Châteauguay              _____          MONTRÉAL                   _____

2.  J. Brosseau et fils ltée   _____      5.  Son Fidèle                _____
    716 blvd Cartier E        _____          8725 4ième ave.            _____
    Laval des Rapides         _____          St Michel, (Québec)         _____

3.  Madame Meunier            _____      6.  Mlle. S. Juneau            _____
    430, E Beaubien           _____          Directrice des recherches   _____
    Mtl Québec               _____          Tour Créteuil, Chambre 2046  _____
                                                        332, Côte des Pins          _____
                                                        Ottawa                     _____

**B) À l'aide des éléments qui vous sont donnés dans les situations suivantes, rédigez des vedettes qui respectent les normes.**

1. Vous écrivez à madame J. Belleau, chef du service des ventes des Établissements Rexmur, pour annuler une commande. L'entreprise est située au 2230 de la rue Saint-Alexandre, à Boucherville. Le code postal est G1A 9H2.

   _____
   _____
   _____
   _____
   _____

2. Vous écrivez au directeur régional de la Succursale «A» du Centre canadien des services informatiques. La succursale est située au 1389 de la rue Sherbrooke Ouest, à Montréal. Le code postal est H3G 1H9.

   _____
   _____
   _____
   _____
   _____

## EXERCICE 4    Les mentions d'introduction

Les mentions d'«acheminement» indiquent une façon particulière d'acheminer la lettre: PAR EXPRESS, RECOMMANDÉ, PAR TÉLÉCOPIEUR. Les mentions de caractère indiquent le caractère personnel ou confidentiel de la lettre: PERSONNEL, CONFIDENTIEL. Ces mentions, au masculin, sont placées sous la date, au-dessus de la vedette, et sont en majuscules soulignées.

Les mentions de «référence» sont utilisées pour faciliter le classement de la correspondance. Elles sont placées généralement sous la date, ou encore à la place de l'objet. Elles se présentent ainsi: V/REF. (plus le numéro du dossier du correspondant), N/REF. (plus le numéro du dossier de l'expéditeur), V/Lettre (plus la date de la lettre à laquelle on répond).

La mention «À l'attention de...» est utilisée lorsque la lettre est adressée à l'entreprise ou à l'organisation, mais que l'on tient à ce qu'elle soit remise à une personne en particulier. On distingue ainsi une communication d'affaires d'une communication privée. Cette mention, en minuscules soulignées, se place sous la vedette.

La mention «Aux bons soins de...», ou sa forme abrégée «a/s de...», est utilisée lorsque l'on demande à une tierce personne de remettre la lettre au destinataire. La mention, que l'on ne souligne pas, se place sous le nom du destinataire dans la vedette.

La mention de l'«objet», en principe obligatoire dans toute communication d'affaires, permet au destinataire d'être immédiatement informé du motif de la lettre. Elle est en minuscules soulignées et se place sous la vedette, ou encore sous la mention «À l'attention de...».

**Corrigez les mentions suivantes:**

a) Re. votre lettre du 15 janvier.

_____

b) Att.: Mme Catherine Préboist

_____

c) c/o: Me Pierre Lafleur

_____

d) Concerne: les rénovations qui sont prévues dans l'édifice MCV

_____

**Écrivez l'objet pour les cas suivants:**

e) Vous convoquez vos membres à une assemblée générale.

_____

f) Vous informez vos clients des changements de tarifs.

_____

## EXERCICE 5    L'appel

Formule de civilité qui précède le corps de la lettre. Cette formule varie selon la personne à laquelle on s'adresse: «Madame», «Mademoiselle», «Monsieur». Toujours suivie d'une virgule, elle se place à gauche de la lettre contre la marge, ou alignée sur les paragraphes.

### REMARQUES

• Employer «Mesdames, Messieurs» si on écrit à une compagnie ou à une entreprise et non à quelqu'un en particulier;

• Ne jamais utiliser «Mon, Ma, Mes» ou «Cher, Chère» sauf s'il s'agit de relations suivies ou amicales;

• Rappeler, chaque fois que cela est possible, la fonction ou le titre du destinataire;

• Rappeler, quand l'usage le permet, le nom de votre correspondant qui est déjà mentionné dans la vedette.

**Pour chacune des situations suivantes, choisissez l'appel convenable.**

1. Vous devez écrire à monsieur Antoille, président-directeur général.
   a) Monsieur,
   b) Monsieur Antoille,
   c) Cher Monsieur le Président,
   d) Mon cher Monsieur Antoille,
   e) Monsieur le Président-directeur général,

2. Vous écrivez à plusieurs hommes et femmes.
   a) Messieurs, Mesdames,
   b) Mesdames et Messieurs,
   c) Mesdames/Messieurs,
   d) MM. et Mmes,

3. Vous écrivez à une entreprise et vous ignorez qui la dirige.
   a) À qui de droit,
   b) Mesdames et Messieurs,
   c) Messieurs,
   d) Chers Messieurs,

4. Vous écrivez au député de votre circonscription, monsieur Jolicœur.
   a) Monsieur le Député,
   b) Monsieur Jolicœur, député
   c) Mon cher Monsieur,
   d) Cher député,

5. Vous écrivez à votre avocat, monsieur Marsac.
   a) Monsieur l'avocat,
   b) Maître Marsac,
   c) Maître,
   d) Monsieur et cher Maître,

6. Vous écrivez à madame Fortin, une cliente avec laquelle vous avez déjà correspondu.
   a) Ma chère Madame Fortin,
   b) Mme Fortin,
   c) Chère Madame,
   d) Chère cliente,

7. Vous écrivez à la présidente d'une association, madame Cadieux, qui est également une amie.
   a) Chère Présidente et chère amie,
   b) Chère Madame et chère amie,
   c) Ma chère Madame Cadieux,
   d) Madame la Présidente et chère amie,

8. Vous écrivez à Arthur Marois qui exerce la même profession que vous, mais que vous ne connaissez pas.
   a) Mon cher Collègue,
   b) Cher Collègue Marois,
   c) Cher Collègue,
   d) Monsieur Marois,

9. Vous écrivez à mademoiselle Latour, trésorière d'une association de commerçants.
   a) Chère Mademoiselle,
   b) Mlle Latour,
   c) Mademoiselle la Trésorière,
   d) Chère Mademoiselle Latour,

10. Vous écrivez à mesdames Gauthier et Hébert qui dirigent une entreprise avec laquelle vous traitez.
    a) Mesdames,
    b) Mesdames Gauthier et Hébert,
    c) Chères Mesdames,
    d) Madame Gauthier et Madame Hébert,

## EXERCICE 6     La salutation

La formule de salutation peut être de deux sortes: la formule impérative (recevez, agréez, etc.); la formule personnelle (je vous prie de...).

Quand la formule de politesse est précédée d'une proposition circonstancielle («Dans l'attente de...», «En souhaitant que...», «Dans l'espoir que...», etc.), seule la formule personnelle peut être utilisée. N'oubliez pas! La formule de politesse reprend, entre virgules, l'appel.

Le choix parmi les formules de politesse dépendra des rapports personnels et hiérarchiques entre les correspondants.

**Pour chacun des cas suivants, rédigez trois salutations, sous forme d'une formule impérative, combinée ou personnelle.**

**A) Le destinataire est un supérieur hiérarchique:**

1. _____

_____

2. _____

_____

3. _____

_____


**B) Le destinataire est un égal (client, fournisseur, etc.):**

1. _____

_____

2. _____

_____

3. _____

_____


**C) Le signataire et le destinataire se connaissent personnellement:**

1. _____

_____

2. _____

_____

3. _____

_____

**D)** Dans la correspondance commerciale, les expressions brèves témoignent d'une certaine familiarité. Elles conviennent à la communication amicale ou à la note brève.

**Rédigez quelques expressions de ce type.**

1. _____

2. _____

3. _____

## EXERCICE 7 — Le titre et la signature

Généralement, le nom de l'entreprise ou de l'organisation, le service particulier du signataire et la qualité du signataire précèdent la signature. Toutefois, il n'est pas nécessaire de répéter le premier ou le deuxième élément s'ils sont indiqués dans l'en-tête. Le nom du signataire, qui n'a pas à être précédé du titre de civilité (sauf dans les cas qui prêtent à confusion), est dactylographié sous la signature. Lorsque quelqu'un signe au nom de son supérieur, il doit l'indiquer en commençant le bloc signature par «Pour...». S'il y a véritable délégation de pouvoir, on fait précéder la signature de l'indication «p.p.» (par procuration).

**Pour chacune des situations suivantes, trouvez le «bloc signature» qui convient.**

a) La lettre est signée par Édouard Almela, directeur commercial. L'en-tête indique le service particulier du signataire.

_____

_____

_____

b) La lettre est signée par mademoiselle Dominique Lapresse, expert en sinistres, de la compagnie d'assurances Union. L'en-tête n'indique pas que la signataire travaille au service à la clientèle.

_____

_____

_____

c) La lettre est signée par Aline Langlois, secrétaire, au nom de sa directrice.

_____

_____

## EXERCICE 8 — Les mentions de conclusion

Les «initiales d'identification» permettent de s'assurer que le signataire a lui-même rédigé la lettre ou de distinguer le signataire de la personne qui a dactylographié la lettre. Les initiales du signataire sont en majuscules, séparées par une barre oblique des initiales en minuscules de la personne qui a dactylographié la lettre.

La mention des «pièces jointes ou annexes», qui se place sous les initiales d'identification, indique que des documents ont été joints à la lettre. On s'assure ainsi que les documents en annexe ne seront pas oubliés. Par ailleurs, la mention peut s'avérer fort utile en cas de perte ou de contestation.

On se sert de l'abréviation «p.j.» en ajoutant entre parenthèses le nombre de documents. Il est aussi possible de préciser la nature des documents.

La mention des «copies conformes», qui se place sous la mention des pièces jointes, permet d'informer le destinataire qu'une copie de la lettre a été envoyée à une ou plusieurs personnes. On se sert généralement de l'abréviation «c.c.», suivie du nom de la personne ou des personnes en question.

La mention du «post-scriptum», très utilisée dans la correspondance à caractère publicitaire, permet principalement d'attirer l'attention du lecteur sur une information, un élément considéré comme important. La note doit être brève et ne doit pas servir à corriger un oubli.

**Inscrivez les mentions suivantes:**

a) André Lapius a dactylographié une lettre qui sera signée par sa directrice, madame Sophie Wien.

_____

b) Vous joignez à votre lettre le catalogue et le prix courant.

_____

c) Vous envoyez une copie de votre lettre au chef du service, Jules Rioux, et à la vice-présidente, Françoise Trépanier.

_____

d) Vous voulez attirer l'attention de votre correspondant sur le fait qu'une contribution de 20 $ et plus permet de recevoir automatiquement un reçu aux fins d'impôt.

_____

_____

**Situez dans le schéma suivant les différentes parties de la lettre commerciale.**

l'introduction / les mentions diverses / l'appel / l'en-tête / la formule de salutation / le titre et la signature / les mentions d'acheminement et de caractère / l'objet / la vedette / le développement / la date / la référence / la conclusion /

1.

2.

3.

4.

5.

6.

7.

8.

9.

10.

11.

12.

13.

## EXERCICE 10     Synthèse: VRAI ou FAUX?

**Entourez «V» ou «F» pour chacune des affirmations suivantes. Quand la réponse est «F», dites ce qui serait juste.**

1. L'*objet* est une mention rarement utilisée dans une lettre d'affaires.     V     F

_____

2. Dans l'appel, on ne peut abréger les titres de civilité.     V     F

_____

3. Un en-tête comprend au moins les éléments suivants: la raison sociale, l'adresse postale et la date.     V     F

_____

4. Dans une vedette, il faut mentionner la fonction du destinataire (si elle est connue) sous le nom de ce dernier.     V     F

_____

5. Dans une vedette, on admet les abréviations des noms de localités.     V     F

_____

6. Une virgule suit toujours l'appel.     V     F

_____

7. Les abréviations pour les dates sont admises.     V     F

_____

8. Aucune ponctuation n'est requise pour la date même lorsqu'on mentionne le nom de la ville.     V     F

_____

9. Il faut éviter d'écrire: *Ce 17 mai 1998*.     V     F

_____

10. Dans une vedette, on n'est pas tenu de mettre un titre de civilité devant le nom d'une personne.     V     F

_____

11. On ne met jamais de mot en majuscules dans une vedette.     V     F

_____

12. La formule de salutation doit toujours reprendre, entre virgules, l'appel.  V  F

_____

13. Les mois, dans la date, s'écrivent soit en majuscules, soit en minuscules.  V  F

_____

14. *À qui de droit* est une formule qui ne constitue en aucune façon un appel
de lettre d'affaires.  V  F

_____

15. Le *post-scriptum* est utilisé seulement quand il y a eu un oubli dans
le texte de la lettre.  V  F

_____

# Leçon 2

Il existe trois types de mise en page d'une lettre d'affaires en usage en Amérique du Nord.

Dans la disposition sans renfoncement au début des paragraphes, tous les éléments de la lettre, y compris la date et la signature, commencent à la marge de gauche. Cette disposition est de plus en plus utilisée par les entreprises.

---

PROFILM 90 600, rue Tourbel Montréal (Québec) H6D 9A2 Tél.: (514) 777-4433

Le 4 février 1997

Madame Ruth Mills
Les images Poly
69, côte Saint-Joseph
Montréal (Québec)

Madame,

Pour faire suite à notre conversation téléphonique de ce jour, je vous fais parvenir, sous pli séparé, les neuf disquettes *Découvertes du futur* que vous avez eu l'amabilité de nous prêter pour la préparation de nos panneaux publicitaires.

Je désire vous exprimer notre reconnaissance et j'espère que le délai que nous avons pris pour vous retourner ce matériel ne vous aura pas causé d'inconvénients.

Je vous prie d'accepter, Madame, mes salutations distinguées.

Paule Trahan
Coordonnatrice de projets

PT/am
Sous pli séparé: neuf disquettes

---

PROFILM 90 600, rue Tourbel Montréal (Québec) H6D 9A2 Tél.: (514) 777-4433

Le 4 février 1997

Madame Ruth Mills
Les images Poly
69, côte Saint-Joseph
Montréal (Québec)

Madame,

Pour faire suite à notre conversation téléphonique de ce jour, je vous fais parvenir, sous pli séparé, les neuf disquettes *Découvertes du futur* que vous avez eu l'amabilité de nous prêter pour la préparation d'un de nos panneaux publicitaires.

Je désire vous exprimer notre reconnaissance et j'espère que le délai que nous avons pris pour vous retourner ce matériel ne vous aura pas causé d'inconvénients.

Je vous prie d'accepter, Madame, mes salutations distinguées.

Paule Trahan
Coordonnatrice de projets

PT/am
Sous pli séparé: neuf disquettes

PROFILM 90 600, rue Tourbel Montréal (Québec) H6D 9A2 Tél.: (514) 777-4433

Le 4 février 1997

Madame Ruth Mills
Les images Poly
69, côte Saint-Joseph
Montréal (Québec)

Madame,

Pour faire suite à notre conversation téléphonique de ce jour, je vous fais parvenir, sous pli séparé, les neuf disquettes *Découvertes du futur* que vous avez eu l'amabilité de nous prêter pour la préparation d'un de nos panneaux publicitaires.

Je désire vous exprimer notre reconnaissance et j'espère que le délai que nous avons pris pour vous retourner ce matériel ne vous aura pas causé d'inconvénients.

Je vous prie d'accepter, Madame, mes salutations distinguées.

Paule Trahan
Coordonnatrice de projets

PT/am
Sous pli séparé: neuf disquettes

## RÈGLES À RESPECTER POUR LE CADRAGE ET L'INTERLIGNAGE

• La marge de droite doit être égale à celle de gauche;

• La date est en général placée sur la troisième ou quatrième ligne sous l'en-tête;

• Cinq lignes séparent la date de la vedette;

• Deux ou trois lignes séparent la vedette de l'appel;

• Le texte est dactylographié à interligne simple;

• Les paragraphes sont séparés par un double interligne;

• La marge inférieure est d'environ six lignes.

## EXERCICE 2    Les abréviations, les sigles et les symboles

À notre époque, on a tendance à abuser des **abréviations**. Leur emploi se justifie là où il y a un manque évident de place (télégrammes, indications de source, index, etc.) ou lorsque l'on cherche à gagner du temps et de l'espace (notes, communiqués, etc.), mais il vaut mieux les éviter dans les textes courants (lettres, rapports, procès-verbaux, etc.).

Pour abréger, on supprime les lettres finales (devant une voyelle), et l'on ajoute le point abréviatif. On peut aussi retrancher certaines lettres intérieures, surtout des voyelles; dans ce cas, l'abréviation ne prend pas de point abréviatif.

**A)  Écrivez l'abréviation des expressions et mots suivants.**

1. chapitre _____
2. avenue _____
3. premier _____
4. première _____
5. Madame _____
6. Mesdames _____
7. page, pages _____
8. franco à bord _____
9. appartement _____
10. aux soins de _____
11. Messieurs _____
12. expéditeur _____

13. compagnie _____
14. établissements _____
15. boulevard _____
16. comptant _____
17. c'est-à-dire _____
18. Québec _____
19. douzaine _____
20. Maître _____
21. Docteur _____
22. Mesdemoiselles _____
23. prix de vente _____
24. boîte postale _____

| | | | | |
|---|---|---|---|---|
| 25. | troisième | _____ | 30. | Société | _____ |
| 26. | numéros | _____ | 31. | téléphone | _____ |
| 27. | volume | _____ | 32. | télécopieur | _____ |
| 28. | facture | _____ | 33. | courrier électronique | _____ |
| 29. | acompte | _____ | | | |

Les **sigles** sont des abréviations formées à partir des lettres initiales de différents mots formant la dénomination d'un organisme, d'un produit, ou la raison sociale d'une entreprise. En français, les sigles prennent des points abréviatifs (C.U.M.). Toutefois, la tendance est de supprimer les points. Les sigles qui se prononcent comme un mot (OTAN, CÉGEP) s'appellent «acronymes». Ils s'écrivent sans point abréviatif et comme un nom ordinaire.

**B)** **Quels sont les sigles/acronymes qui correspondent aux dénominations suivantes?**

1. Collège d'enseignement général et professionnel _____

2. International Business Machines _____

3. Organisation de l'aviation civile internationale _____

4. Agence canadienne de développement international _____

5. Accord de libre-échange nord-américain _____

**Quelles sont les dénominations qui correspondent aux sigles/acronymes suivants?**

6. H.E.C. _____

7. F.M.I. _____

8. REÉR _____

9. C.É.E. _____

10. DOC _____

**Donnez trois exemples d'acronymes. Prennent-ils la marque du pluriel?**

11. _____

_____

_____

**Certains acronymes ont donné naissance à des dérivés. Donnez des exemples.**

12. _____

_____

_____

_____

---

Les **symboles** sont des signes conventionnels formés d'une lettre, d'un groupe de lettres, d'un chiffre, etc. La plupart des symboles dans le domaine des sciences ont été reconnus par le système international d'unités (SI) et adoptés par tous les pays. Quant aux symboles des unités monétaires, ils se placent après l'expression numérale. Les symboles ne prennent jamais la marque du pluriel et s'écrivent sans point abréviatif.

---

**C) Quels symboles d'unités de mesure connaissez-vous?**

13. _____

_____

_____

**Quels symboles d'unités monétaires connaissez-vous?**

14. _____

_____

_____

## EXERCICE 3 La numération et les adjectifs numéraux

**En chiffres ou en lettres?**

En général, on écrit en toutes lettres:

— les nombres de un à neuf inclus;

— les nombres dans les textes littéraires et dans les documents de nature juridique;

— les nombres placés au début d'une phrase (Vingt administrateurs étaient présents);

— les nombres ou les montants approximatifs (environ une demi-heure de retard, près de cinquante dollars);

— les nombres ordinaux indiquant une classe d'école, de train, etc. (Il faisait sa troisième année);

— les nombres suivis de plusieurs zéros (Plus de cinq millions de Canadiens sont touchés par cette mesure).

On écrit en chiffres:

— les nombres à partir de 10;

— les nombres dans les travaux scientifiques;

— les nombres dans les adresses, les articles, les lois, les pages, etc. (la page 174, la loi 101, la circulaire 942-14);

— les nombres exprimant un moment précis (12 h 20), un pourcentage ou une fraction (12 % de chômage).

On écrit en chiffres romains:

— les numéros de livres, de volumes, de chapitres, etc. (fascicule VIII, tome II);

— la numérotation des siècles;

— la désignation numérotée d'une dynastie, d'un souverain, d'une olympiade, etc.

**Dans les phrases suivantes, corrigez l'indication des nombres s'il y a lieu.**

1. L'auteur analyse la révolution industrielle du 19ᵉ siècle en Europe. _____

2. Le vol a duré six heures. _____

3. La réunion a commencé à 9 heures trente. _____

4. 15 brevets ont été déposés cette année. _____

5. Le projet est estimé à 2 milliards de dollars et le marché immédiat à 10 000 000 d'habitants. _____

6. J'ai pris cette citation dans le tome 4, à la page quatre-vingt. _____

7. Le budget du gouvernement provincial a été réduit de 9 pour cent. _____

8. Selon votre état de compte, vous nous devez un solde de 12 mille $. _____

9.  Notre nouvelle succursale se trouve au deux,
    six, zéro, boulevard Henri huit. _____

10. Il faudrait que vous me remettiez au moins
    un tiers de votre dette avant le 1er janvier 1998. _____

11. La réunion durera environ 3 h 00. _____

12. Le dix-huit avril mil neuf cent quatre-vingt-quinze
    ont comparu devant nous monsieur Pierre Noyer et
    sa compagne, madame Rose Bellefeuille. _____

---

**L'orthographe des adjectifs numéraux**

Dans les adjectifs cardinaux composés, le trait d'union s'emploie uniquement entre les éléments qui sont l'un et l'autre inférieurs à cent, sauf s'ils sont joints par «et»:

— **et** est utilisé pour joindre un ou une aux dizaines (excepté quatre-vingt-un) et dans soixante et onze.

Les adjectifs **vingt** et **cent** prennent un «s» lorsqu'ils sont multipliés par un nombre et qu'ils terminent l'adjectif numéral cardinal (quatre-vingts pages). Employés dans le sens d'un adjectif numéral ordinal (après le nom), ils restent invariables (page quatre-vingt).

L'adjectif **mille** est invariable, mais **million, milliard, millier, billion**... sont des noms qui prennent la marque du pluriel.

Les adjectifs numéraux ordinaux varient tous au pluriel (les troisièmes).

---

**Dans le texte suivant, écrivez les nombres entre parenthèses en toutes lettres.**

### La renaissance d'une région

En _____ (22) ans, la région a perdu près de

_____ (6000) emplois, surtout reliés au textile. Dans ses meilleures

années, Lobex employait jusqu'à _____ (1200) personnes. C'est tombé à

_____ (240). Fibromax, qui a déjà fait travailler plus de

_____ (680) personnes, n'a pas résisté à la concurrence internationale.

Une ribambelle de petites et moyennes entreprises, _____ (38) exacte-

ment, ont elles aussi capitulé devant la concurrence asiatique. Toutefois, depuis quatre ans, les choses

changent. Les gouvernements ont investi près de _____ (170) millions

dans la région, et les investisseurs reviennent. Au premier trimestre de cette année,

_____ (85) nouveaux emplois ont été créés dans le secteur agro-

alimentaire, et on prévoit la création de _____ (300) autres emplois per-

manents.

## EXERCICE 4    La division des mots

Il faut éviter dans la mesure du possible de diviser les mots en fin de ligne. Lorsqu'on doit le faire, on peut opter:

— pour la division étymologique (pré-/avis);
— pour la division syllabique (commer-/cialiser).

En général, on coupe un mot:

— entre deux consonnes (diver-/sifier);
— entre deux voyelles, si l'étymologie le permet (pré-/ambule);
— entre une voyelle et une consonne suivie d'une autre voyelle (cui-/si-/nier).

On ne doit pas couper:

— un mot après sa première lettre (i-/tinérant, l'é-/ternité);
— les noms propres (Jé-/rôme De-/lorme);
— un mot avant une syllabe finale accentuée de moins de trois lettres, ni avant une syllabe finale muette de moins de quatre lettres (opportuni-/té, uni-/que);
— un mot après une apostrophe ou après un «t» euphonique (aujourd'-/hui) (viendra-t-/elle);
— un mot composé ailleurs qu'à son trait d'union (ingénieurs-/conseils). Quand un groupe de mots contient deux traits d'union, on coupe après le premier;
— les abréviations, les sigles, les symboles, les nombres en chiffres, les pourcentages;
— un mot ni avant ni après les lettres «x» ou «y» placées entre deux voyelles (payant);
— le dernier mot d'une page.

**Dans les phrases suivantes, divisez le mot en italique lorsque c'est possible.**

**Ex.:**  Nous sommes parfaitement conscients que l'industrie du *textile* textile traverse en ce moment une crise majeure.

1.  Je soussigné, Robert Hétu, domicilié au 64, rue *Bellechasse* _____

    _____, certifie avoir pris connaissance des documents ci-joints.

2.  La présente convention collective a pour but de *maintenir* _____

    _____ de bonnes relations entre l'employeur et les salariés.

3.  Je vous ai adressé la semaine dernière le *procès-verbal* _____

    _____ de la dernière réunion du conseil d'administration.

4.  Veuillez agréer, Monsieur le Maire, avec mes *remerciements* _____

    _____ anticipés, mes salutations distinguées.

5.  Il nous faut vendre à un prix raisonnable, *c'est-à-dire* _____

    _____ 450 000 $ pour le garage et 28 000 $ pour l'équipement.

6.  Dans ce cas, il nous faut trouver au plus tôt un *moyen* _____

    _____ efficace pour rejoindre tous les congressistes.

7. Je vous serais obligé d'écrire un mot à *P.-M. Lemieux* _____

_____.

8. Il prépare ses plans et ses devis avec un soin *maniaque* _____

_____.

## EXERCICE 5    Les signes de ponctuation

La ponctuation est un système de signes dont la fonction première est la clarté de la phrase. Pour remplir sa fonction, ce système joue deux rôles, l'un grammatical, l'autre stylistique. Le premier consiste à changer certains rapports syntaxiques, donc à modifier le sens de la phrase. Par exemple, si on écrit:

«Les chauffeurs qui jugeaient les autobus peu sécuritaires avaient refusé de se présenter au travail», cela signifie que seuls certains chauffeurs ne se sont pas présentés au travail. Si on écrit, en revanche: «Les chauffeurs, qui jugeaient les autobus peu sécuritaires, avaient refusé de se présenter au travail», cela signifie qu'aucun chauffeur ne s'est présenté au travail.

Le second rôle consiste à indiquer certaines nuances affectives grâce à des mises en relief, à des pauses, à des changements de rythme, etc. Par exemple:

«Mais oui, bien sûr! Si l'or baisse, c'est que tout va bien: les finances de l'État sont assainies, il n'y a pas de risque de guerre, vous pouvez enfin respirer... Est-ce que ça ne vaut pas cinq cent mille francs?»
(Pierre Daninos)

**A) Dans les phrases ci-dessous, les signes de ponctuation (. / , / ... /; /: / ? /! / « ») ont été enlevés. Replacez-les de façon à rétablir la lisibilité des textes. Mettez les majuscules là où elles sont nécessaires. (*Consultez les tableaux 1 et 3*.)**

1. Vous étudierez mes propositions Messieurs et ensuite vous concevrez un projet n'est-ce pas

2. Comme convenu vous trouverez ci-joints les documents demandés tous les frais seront à notre charge

3. Nous vous proposons des conditions fort avantageuses vous versez 20 % à la commande sur 30 % pendant un an vous ne payez pas d'intérêt pour les 50 % qui restent nous vous accordons un crédit de deux ans aux conditions habituelles

4. Vous avez fait parvenir ces documents à votre courtier d'assurances dites-vous ou ce dernier n'a rien reçu ou vous êtes de mauvaise foi

5. Je soussignée Odette Martin déclare avoir dépensé au cours de l'année 1995 la somme de six mille deux cents dollars pour rénover la devanture de mon commerce

6. Avez-vous des enfants bravo gratuité pour les enfants de moins de 4 ans 50 % de réduction pour les enfants de 4 à 12 ans et ce en toutes périodes quelle aubaine

7. La Bourse c'est émotif affirme Mme Marcoux si quelqu'un décide de vendre ses actions c'est qu'il est sûr que leur valeur a atteint un maximum mais si vous vous en achetez c'est que vous croyez exactement le contraire sur le parquet il y a toujours un investisseur qui pense exactement le contraire de vous

8. Il est possible et même presque certain que les résultats qui ont été révélés hier ne soient ni suffisants ni très significatifs car les données ont considérablement changé depuis six mois

**B)** Dans la lettre suivante, les signes de ponctuation ont été enlevés. Rétablissez-les en respectant les règles d'usage. (*Consultez le tableau 1.*)

Cher client

Vous avez une ou plusieurs cartes de crédit ou peut-être songez-vous à en demander une prenez deux minutes de votre temps pour vous poser la question suivante

*Suis-je vraiment un consommateur avisé*

En choisissant la carte de crédit VISA AVISÉE de la Banque d'Épargne vous pourrez répondre *OUI* sans hésitation

Et voici pourquoi

- C'est une VISA la carte de crédit acceptée dans le monde entier
- La VISA AVISÉE est une carte de crédit au taux d'intérêt annuel le plus bas seulement 15,9 %
- Les frais d'adhésion annuels ne sont que de 45 $ si vous demandez une deuxième carte pour un membre de votre famille elle est *gratuite*
- La VISA AVISÉE vous permet d'obtenir *instantanément* des avances de fonds dans toutes les institutions financières affichant le symbole VISA à travers le monde

Vous voyez vous avez toutes les raisons de devenir vous aussi un consommateur avisé en choisissant la carte de crédit qui vous offre *plus* la VISA AVISÉE
Pour l'obtenir il vous suffit de remplir et de signer sans tarder le formulaire ci-joint et de le retourner dans l'enveloppe préaffranchie

Espérant vous compter bientôt parmi les nombreux détenteurs de la carte VISA AVISÉE je vous prie d'accepter cher client mes salutations les plus distinguées

Armand Dion
Directeur du marketing

**C)** Dans les phrases suivantes, placez les parenthèses, tirets, crochets et guillemets qui conviennent. Dans le nº 7, veuillez considérer la deuxième phrase comme un ajout non essentiel, ce qui permet de la «marquer» du signe de ponctuation approprié.

1.  L'électricité une force économique inépuisable pour le Québec est au service de l'entreprise, de l'industrie et du progrès.

2.  On distingue parfois des capitaux fixes qui peuvent servir plusieurs fois une usine, une chaîne de montage, des camions, etc., et des capitaux circulants qui ne peuvent servir qu'une fois par exemple: les explosifs, l'essence, les frais de première installation.

3. Dans le bureau, sept ou huit personnes classaient des effets de commerce identiques à ceux que j'avais examinés. *(Une partie de cette <u>citation</u> a été omise après «bureau».)*

4. C'est un économiste écossais Adam Smith 1723-1790 qui se demandait pourquoi l'eau élément indispensable à la vie humaine avait un prix si bas alors que les diamants coûtaient si cher.

5. Déclarez immédiatement le sinistre à la compagnie d'assurances ou au courtier.

6. Le fonctionnaire ce bouc émissaire pour bien des gens accomplit une tâche indispensable travail d'organisation et d'exécution qu'il est malsain pour une société de déprécier.

7. Comme prévu, la réunion s'est déroulée à Sainte-Marie. Tous les points à l'ordre du jour y compris la proposition controversée de la vice-présidente ont été couverts.

## EXERCICE 6    Les signes orthographiques

**A) Récrivez les mots en italique en mettant les accents appropriés s'il y a lieu. (*Consultez le tableau 2.*)**

1. Fréquenter *assidument* un restaurant. _____

2. Le *credo* des gens d'affaires. _____

3. Répondre *sechement*. _____

4. *Diffamer* injustement. _____

5. Actions inscrites à la *cote*. _____

6. Le *bareme* des salaires. _____

7. Un texte *ambigu*, une loi *ambigue*. _____

8. Une créance *irrecouvrable*. _____

9. La *tenacite* du vendeur. _____

10. Un papier *mat*. _____

11. Une information *pretendument* vraie. _____

12. Le *syndrome* du stress. _____

13. Un territoire divisé en *zones*. _____

14. Une *cloture* de faillite. _____

15. Un *chapitre* supplémentaire. _____

16. *Refrener* leur enthousiasme. _____

17. Les *reglements* de l'entreprise. _____

18. Un *allegement* fiscal. _____

19. Une *tache* indélébile. _____

20. La *greve* des machinistes. _____

21. Les *symptomes* de la crise. _____

22. Une description de *taches*. _____

23. Une fiche *dument* remplie. _____

24. Le *depot* du budget. _____

**B) Dans les phrases suivantes, ajoutez les accents, les trémas et les cédilles là où ils sont nécessaires. (*Consultez le tableau 2.*)**

1. Il est maintenant sur que le theatre de l'ile sera erige a la peripherie du nouveau quartier, pres du chateau.

2. C'est une coincidence que les debats aient repris apres la cloture de la seance.

3. Il parait que le proprietaire de la galerie contigue a mon entrepot a recu des lettres desagreables, et meme vehementes dans certains cas.

4. La tresoriere a tache sans succes de regler la crise financiere aigue qui a ete creee par la defection de nombreux membres.

5. Je me bats a ma facon pour que les ventes continuent a croitre au-dela des previsions, et c'est dur.

6. La feve de cafe est cette fois de qualite tres inferieure, et le gout nous empeche de vendre cette denree a notre clientele.

7. Elle m'a donne pour mon enquete un apercu des reglements de la societe.

8. Ayant du frequenter assidument ces ateliers, elle peut affirmer qu'ils sont interessants et bien concus. Cela dit, c'est a vous de juger s'il est dans votre interet de vous y inscrire.

# EXERCICE 7 Les majuscules

**A) Récrivez les phrases suivantes en mettant les majuscules là où elles sont nécessaires. (*Consultez le tableau 3.*)**

1. le bureau d'accueil et d'information, assemblée nationale.

   _____

2. la chambre de commerce de la province de québec.

   _____

3. le bureau de l'éditeur officiel du québec.

   _____

4. le président-directeur général de la maison du livre.

   _____

5. le rôle de l'état après la seconde guerre mondiale.

   _____

6. le conseil scolaire de l'île de montréal.

_____

7. de nombreux montréalais ont manifesté à l'occasion de la fête du travail.

_____

8. le ministre des finances et le chef de l'opposition officielle.

_____

9. la déclaration universelle des droits de l'homme, signée le 10 décembre 1948 par 48 nations.

_____

**B) Dans les textes suivants, mettez les majuscules là où elles sont nécessaires. (*Consultez le tableau 3.*)**

1. La ligue des femmes estime que la commission mise sur pied par le gouvernement du québec n'a pas tenu compte des revendications des groupes de femmes. Le rapport, signé par la présidente, la vice-présidente et la secrétaire, insiste sur la piètre condition financière des québécoises. Il rappelle les résultats de l'étude menée par mmes Sicotte et Tremblay, toutes deux professeures au département des sciences économiques de l'université du québec à montréal et membres du nouveau parti démocratique, résultats publiés au lendemain de la saint-jean.

2. «Les canadiens, plus particulièrement les québécois, s'affairent depuis 15 ans dans l'afrique de l'ouest à construire le réseau téléphonique de cinq états voisins: le sénégal, le mali, le niger, le burkina-faso et le bénin. Ils y ont installé 3 000 km de câble et branché le téléphone aux quatre coins du territoire. Les appels entre capitales sont maintenant directs. Désormais, le vendeur de poisson du nord du sénégal peut connaître les prix du marché sans perdre trois jours à traverser la brousse. Et bientôt, tous ces pays de l'afrique occidentale auront accès à ce que certains considèrent comme le «jalon essentiel du développement», selon l'expression de l'organisation de coopération et de développement économiques (ocde). [...] Les résultats sont aujourd'hui probants. «Le téléphone a presque remplacé la poste», dit le chef du centre de télécommunications de rufisque, ville de 100 000 habitants, à une cinquantaine de kilomètres de dakar, la capitale sénégalaise.»

Source: adapté de «Allô, allô, l'Afrique?», *L'Actualité*, 1er juin 1994, p. 44-46.

**A)** La lettre suivante est signée par quelqu'un qui est hostile à la prolifération des sigles et qui l'exprime vigoureusement. Toutefois, cette personne n'a qu'une connaissance très relative des règles de la correspondance et du code typographique.

**Trouvez les fautes et proposez des corrections.**

Le 17 Septembre, 1996

Centre d'entraide économique régionale
4269 O Beaulieu ave.
St Hubert, Qué

<u>Concerne: utilisation du sigle C.E.E.R.</u>

Chers Messieurs,

On m'a appris que la création des centres d'entraide économique régionale avait donné naissance à un nouveau sigle Ceer qui sera largement utilisé dans les communications d'affaires et dans les rapports.

Je m'oppose à la prolifération des sigles lorsqu'elle atteint des organismes locaux comme le vôtre. Je sais que nous vivons à une époque qui aime les sigles et qu'ils sont d'une certaine façon un mal nécessaire. Toutefois la «siglomanie» en plus d'être inesthétique trahit la vocation du langage et en fait un instrument pour initiés. Je suis de ceux qui croient à la clarté et à l'intelligibilité de la langue et par conséquent à l'utilisation de termes simples.

Votre organisme dont le mandat est l'action régionale pour le bénéfice du plus grand nombre devrait veiller à ce que ses membres n'abusent pas de ces abréviations et utilisent des appellations complètes.

Veuillez agréer l'expression de mes sentiments les meilleurs.

Bien à vous,
Léon Darveau

**B) La lettre suivante est la réponse d'un employeur à une demande d'emploi.**

**Corrigez les fautes directement reliées au protocole épistolaire ou à la disposition et rétablissez l'ordre logique des phrases dans les deuxième et troisième paragraphes de la lettre.**

Montréal, le lundi 11 Avril 1997

Mlle Véronique Maurois
1043 blvd Laforce
Montréal, H2P 1Z8

Mademoiselle Maurois,

Nous avons bien reçu la lettre par laquelle vous sollicitez un poste de coordonnatrice de projet dans notre agence.

Nous vous remercions de l'intérêt que vous manifestez à l'endroit de notre agence. Malgré la qualité indéniable de vos états de service, le profil de carrière que vous avez présenté ne correspond pas suffisamment à celui du poste vacant. Nous avons le regret de vous annoncer que nous n'avons pas retenu votre candidature.

Nous vous souhaitons les meilleures chances de succès dans la poursuite de vos aspirations professionnelles.

Veuillez agréer l'expression de nos sentiments respectueux.

LE DIRECTEUR,
Philippe Marnat

PM/slm

**C) Voici une réponse à une lettre de réclamation. Elle présente plusieurs erreurs (sur le plan du protocole, du code, du style).**

**Trouvez ces erreurs et proposez des corrections.**

CANADA INSURANCE INC.
3535, avenue des Accidents
Montréal (Québec)
H3Z 2Y8
Tel : (514) 388-2382                Fax : (514) 388-5418

_____

Madame Marie-Thérèse Désilets,
2115 av. de l'esplanade,
Montréal, Québec,
H4Z 2W2

Le 28 janvier. 1997.

Mme Désilets,

La présente fait suite à votre demande concernant la disponibilité de correspondance en français, reçue le 13 décembre, 1997.

Nous sommes heureux de vous informer que toute notre correspondance est disponible en français. Suite à votre requête, nous vous ferons maintenant parvenir toute correspondance dans la langue de votre choix.

Nous nous excusons des inconvénients que cela vous a causés et nous vous prions d'accepter nos sentiments dévoués.

Sincèrement vôtre,

Gérard Demers,
Service à la clientèle.

GD:cm

# Deuxième partie

# Correspondance et rédaction commerciale

## CONSEILS GÉNÉRAUX

COMMENT ÊTRE EFFICACE?

— définir le but de la communication;
— se mettre à la place du correspondant pour mieux déterminer ses besoins;
— déterminer les idées et les faits susceptibles de convaincre le correspondant;
— établir l'ordre logique des idées de façon à pouvoir les organiser en paragraphes.

COMMENT ÊTRE CONCIS ET PRÉCIS?

— viser l'essentiel;
— éliminer les éléments qui ne servent pas le but à atteindre;
— éviter les digressions, les redites;
— utiliser avec jugement les abréviations et les sigles;
— éviter les ambiguïtés, les phrases trop complexes comportant plusieurs propositions subordonnées;
— éviter les circonlocutions ou périphrases;
— faire attention aux charnières et au rapport qu'elles indiquent.

COMMENT ÊTRE COURTOIS?

— avoir une attitude positive;
— employer le conditionnel de politesse (*auriez-vous la gentillesse de...; pourriez-vous...; j'aimerais...*);
— utiliser plus de «vous» que de «nous» (*nous estimons, nous savons, nous vous enverrons* peuvent être remplacés par *vous conviendrez, vous savez, vous recevrez*);
— éviter les accusations et choisir un vocabulaire objectif (*Nos chiffres ne correspondent pas aux vôtres* plutôt que *Votre calcul est erroné*);
— recourir à des incidentes pour nuancer l'expression (*à notre grand regret, à notre surprise, comme vous en conviendrez...*).

# Leçon 3

## EXERCICE 1   La note et la note de service

La note et la note de service ont pour objet de communiquer des renseignements ou des instructions à l'ensemble ou à une partie du personnel. Elles servent également à transmettre des informations d'un service à l'autre. Elles sont donc utilisées à tous les échelons de l'entreprise pour les informations les plus diverses.

La plupart des organisations ont, pour leurs notes et notes de service, du papier préparé sur lequel on retrouve le nom de l'entreprise ou de l'organisme et les indications suivantes: date, expéditeur, destinataire, objet. Cependant, le courrier électronique est de plus en plus utilisé pour ce mode de communication interne.

La note et la note de service ne comprennent ni appel ni formule de courtoisie; le ton y est en général impersonnel, les phrases courtes et les informations précises. Le message doit être clair, concis et précis.

Ces deux formes de communication écrite font partie des communications de directives internes, lesquelles peuvent, selon l'importance de la diffusion, prendre également la forme d'un avis, d'un bulletin, d'une circulaire, d'un communiqué.

### FORMULES D'INTRODUCTION

*Veuillez noter que...*
*Lors de la réunion...*
*Je vous avise (informe, préviens,*
*    annonce, avertis, etc.)*

### FORMULES DE CONCLUSION

*Votre coopération est grandement appréciée.*
*Je vous remercie de votre collaboration.*
*Je suis convaincu que vous comprendrez...*

### VOCABULAIRE

*conformément à...*
*à la suite de...*
*compte tenu de...*
*étant donné que...*
*concernant*
*par conséquent*
*dans ce but*
*à cette fin*
*puisque*
*comme*
*à partir de...*
*à compter de...*
*dorénavant*

*à tout le personnel cadre*
*à tout le personnel de bureau*
*à tous les chefs de services*
*à tous les employés*
*à tous les superviseurs*
*avertir, aviser, prévenir*
*donner des directives*
*recevoir des directives*

# EXEMPLE DE NOTE DE SERVICE — MODÈLE 1

## NOTE DE SERVICE

Exp.:  Marie Saint-Armand          Date:   Le 16 juillet 1997
       Directrice

Dest.:  Chefs de service          Objet:   Installation téléphonique

Veuillez prendre note que l'installation des nouveaux téléphones se fera le mercredi 4 août. Par conséquent, les lignes seront inutilisables ce jour-là, à l'exception de la ligne 7374 au bureau d'information.

Je vous invite à prévenir tous les membres de votre personnel que leur travail sera perturbé par celui des ouvriers de Bell, et à vous assurer qu'ils prennent les mesures en conséquence.

**McGill**

**Department of Languages and Translation**

Centre for Continuing Education
McGill University
Place Mercantile

Postal Address
770 Sherbrooke Street West
Montreal, QC, Canada   H3A 1G1

Tel.: (514) 398-6160
Fax: (514) 398-4448

Le 31 octobre 1995

Madame,
Monsieur,

J'ai lu dans votre bulletin Infoaction de septembre 1995 que le Commissariat aux langues officielles venait de publier une brochure intitulée **Le français et l'anglais au travail - Ce que les employés fédéraux doivent savoir.**

Je vous saurais gré de bien vouloir me faire parvenir cette brochure à l'adresse ci-dessus.

Je vous remercie à l'avance et vous prie d'accepter mes salutations les meilleures.

Hervé de Fontenay
Directeur de programme,
français langue seconde

**Chenelière/McGraw-Hill**

**Numéro de télécopieur (514) 276-0324**

À: _Hervé de Fontenay_

Compagnie: _Université McGill_

Expéditeur: _Robert Paré, directeur de l'édition_

Objet: _Français inc., 2ᵉ édition_

Date/Heure: _Le 25 septembre 1995 — 15h30_

Nombre de pages _2_

**(page couverture incluse)**

Si vous avez des problèmes avec la transmission veuillez communiquer avec l'expéditeur au (514) 273-1066.

Message: _Comme convenu lors de notre conversation téléphonique, je vous fais parvenir une copie de la circulaire qui annonce la parution prochaine de FRANÇAIS INC., 2ᵉ édition._
_Cette lettre a été envoyée à tous les établissements collégiaux et universitaires du Québec._

**Chenelière/McGraw-Hill**
215, rue Jean-Talon Est, Montréal (Québec) Canada H2R 1S9
Téléphone: (514) 273-1066  Service à la clientèle/Customer service: (514) 273-8055
Télécopieur: (514) 276-0324
e-mail: chene@dlcmcgrawhill.ca

**Rédigez une note de service pour chacune des situations suivantes.**

a) Monsieur Luc Labonté, vice-président de Mic-Mac inc., envoie une note de service à tous les directeurs de magasin pour leur demander de garder en magasin un modèle de chaque produit annoncé dans la circulaire du 4 septembre.

b) Monsieur Thi Duong, chef du service à la clientèle, envoie une note de service à tout son personnel. À cause de plaintes répétées, la correspondance en anglais devra dorénavant être révisée par le service de traduction. Il annonce certaines mesures pour éviter les retards.

c) Marco Dufour, secrétaire de la présidente de l'Association des Hôteliers du Québec, adresse une note de service aux membres du comité exécutif de l'Association pour les informer de changements au sujet de la date, de l'heure et du lieu de leur prochaine réunion. Il donne brièvement les raisons de ces changements de dernière minute. Comme cette note de service doit être envoyée par télécopieur, il prépare également la page couverture.

d) Mademoiselle Francine Davis, chef du service des ressources humaines, avise le personnel des nouvelles mesures de sécurité (contrôles en dehors des heures de bureau, rondes du garde de sécurité, procédures d'évacuation en cas d'incendie, etc.) prises par le propriétaire de l'immeuble que l'entreprise occupe.

e) Assumpta M'Boe, présidente du comité organisateur des activités sociales, informe le personnel de la société Mercurial des activités qui auront lieu le mois prochain à l'occasion du 25$^e$ anniversaire de l'entreprise.

f) Luc Prévost, directeur des librairies Mélies, envoie une note de service pour informer le personnel de la nomination de Diane Archambault au poste de conseillère à l'édition. Après une brève présentation de madame Archambault, il invite le personnel à lui souhaiter la bienvenue au sein de l'équipe des librairies Mélies.

g) Christiane Chanteclair, présidente-directrice générale de la société Médiacité inc., annonce à tous les directeurs de service qu'une firme de conseillers en développement organisationnel procédera sous peu à une évaluation de leur service. Elle explique dans cette note de service les raisons de cette évaluation et donne les grandes lignes de la procédure qu'il faudra suivre.

## EXERCICE 2 — La circulaire, le communiqué et la lettre d'accompagnement d'un produit

La circulaire est une lettre imprimée qu'une entreprise envoie à ses clients lorsqu'elle veut transmettre la même information à de nombreux correspondants. Elle est de caractère plutôt impersonnel, assez courte mais précise, car elle doit avant tout informer. Il ne faut pas confondre la circulaire avec les différents envois publicitaires.

### PLAN DE RÉDACTION

| | |
|---|---|
| Introduction | Communication du renseignement; Précisions complémentaires; |
| Développement | Avantages de l'information pour le client; |
| Conclusion | Remerciements. |
| Salutation | |

### FORMULES

*Nous avons le plaisir de vous informer que...*
*Nous sommes heureux de vous annoncer...*
*Nous vous prions de noter que...*

*Nous vous remercions de...*
*Nous espérons que vous réserverez un accueil favorable à...*
*Nous espérons que vous continuerez à nous honorer de votre confiance et...*

**Chenelière McGraw-Hill**

## NOUVELLE PARUTION!

### *Français inc.*

*par Hervé de Fontenay*
**ISBN: 2-89461-031-9**

Le 20 septembre 1995

Chère Madame,
Cher Monsieur,

Nous sommes heureux de vous informer que Monsieur Hervé de Fontenay, professeur à l'Université McGill, a accepté de s'associer à Chenelière/McGraw-Hill pour la publication d'une deuxième édition de *Français inc.: Guide pratique du français des affaires.*

Cette nouvelle édition du *Français inc.* est prévue pour l'année 1996. Votre représentant vous en dira plus sous peu.

Par ailleurs, l'édition originale de cet ouvrage étant maintenant épuisée, plutôt que de vous laisser perdre des ventes, nous pouvons vous livrer *Français inc.* sous forme de photocopie (cellophane). Nous avons fixé le prix de liste à 16,95 $, et vous aurez droit à la remise habituelle.

Veuillez agréer, Madame, Monsieur, l'expression de nos sentiments les meilleurs.

*Jean Bouchard*

Jean Bouchard
Directeur des ventes

JB/da

**Chenelière/McGraw-Hill**
**215, rue Jean-Talon Est, Montréal (Québec) Canada H2R 1S9**
**Tél.: (514) 273-1066   Service à la clientèle: (514) 273-8055   Téléc.: (514) 276-0324**

**Communiqué**

### MONDIA vous présente sa nouvelle image

*Laval, le 4 avril 1994* - C'est avec fierté que MONDIA Éditeurs vous présente aujourd'hui sa toute nouvelle image. Elle apparaît en tête de cette lettre ainsi que sur les documents ci-joints: notre catalogue 1994 et notre nouveau dépliant. Cette image se veut une représentation visuelle de notre philosophie qui vise la transmission des connaissances universelles par le biais d'ouvrages pédagogiques de pointe qui conviendront à tous.

L'image de MONDIA est constituée de plusieurs éléments choisis en fonction de leur valeur sémiologique. La **main** (lien humain) offre la **terre** (symbole de l'universalité) qui se transforme en **pomme** (traditionnel symbole du savoir et de la connaissance). Cet ensemble se définit en quelques mots: **un monde de savoir à votre portée.** Amusez-vous à découvrir la signification des autres éléments...

Pour en savoir plus sur notre philosophie et nos objectifs, nous vous invitons à lire le dépliant de MONDIA. Vous y trouverez des informations relatives à notre entreprise ainsi qu'à nos différents produits.

Toujours à l'écoute de sa clientèle, l'équipe de MONDIA est à votre service. N'hésitez pas à communiquer avec nous; c'est avec grand intérêt que nous recevrons vos commentaires et vos demandes de renseignements.

000

Source:  Ysabel Viau
Service commercial

MONDIA Éditeurs inc.
1977, boul. Industriel,
Laval (Québec)
Canada H7S 1P6
Téléphone: (514) 667-9221 / 1 800 561-2371
Télécopieur: (514) 667-8658

# EXEMPLE DE LETTRE D'ACCOMPAGNEMENT (PRODUIT)

Montréal, le 14 novembre 1995

Monsieur,

Il m'est particulièrement agréable de vous offrir cet ouvrage consacré à la France, dont le Ministre français des Affaires Etrangères a confié la publication à la Documentation Française.

J'espère qu'il répondra à l'intérêt que vous manifestez pour mon pays. Conçu comme un ouvrage de référence, les chapitres sont délibérément traités en profondeur, et se distinguent donc de ceux privilégiés par l'actualité quotidienne.

Je vous souhaite bonne lecture, et saisis cette occasion pour vous renouveler, Monsieur, l'expression de ma considération distinguée et très cordiale,

Jean-François BAZIN
Conseiller de Presse

Monsieur Hervé DE FONTENAY
Directeur/Programmes de français
Dép. des Langues et de Traduction
Université McGill

*Consulat Général de France à Québec*
*Service d'Information et de Presse*

*Bureau de Montréal*
*1, Place Ville Marie*
*Bureau 2601*
*Montréal (Québec)*
*H3B 4S3*

*Bureau de Québec*
*1110, avenue des Laurentides*
*Québec (Québec)*
*G1S 3C3*

**A) Lisez la lettre suivante. Analysez-la et faites-en la critique au besoin.**

SunLife
du Canada

Succursale Montréal-Anjou
7450, boul. Les Galeries d'Anjou
Bureau 560
Anjou (Québec) H1M 3M3

Tél.: (514) 353-4930

*OUVERTURE D'UNE SUCCURSALE SUN LIFE À VILLE D'ANJOU*

Cher client,

Afin de répondre à des besoins sans cesse croissants, la Sun Life a ouvert un nouveau bureau dans la région de Montréal, la succursale Montréal-Anjou, dont j'ai l'honneur de faire partie.

Permettez-moi de vous souligner que nous sommes toujours disposés à accueillir dans notre groupe, toute personne désireuse de se réaliser pleinement, dans un milieu de travail des plus dynamiques.

Si vous désirez de plus amples renseignements sur une carrière avec notre équipe ou les produits et services de la Sun Life, n'hésitez pas à communiquer avec moi.

**Gaétan Meloche**
Assureur-Vie

**B) Rédigez une circulaire pour informer votre clientèle de la reprise de vos activités commerciales après une interruption de six mois attribuable à des rénovations majeures.**

**C) Rédigez une circulaire pour annoncer le départ de votre associée, Mlle Lucie LaGrande, et pour indiquer la nouvelle raison sociale de votre société.**

# EXERCICE 3 La demande d'information

La demande d'information, autre type de communication d'affaires, est fort courante et ne présente généralement pas de difficultés particulières. Les lettres de demande d'information se caractérisent par leur
brièveté (éviter longueurs et excuses inutiles), leur précision (énumérer les demandes de façon ordonnée
et claire) et leur courtoisie (faire preuve de tact et de politesse).

## PLAN DE RÉDACTION

| | | |
|---|---|---|
| Introduction | Motif de la demande; | |
| Développement | Énumération des renseignements demandés (*voir «l'exercice 10» de la leçon 11 à la page 144*); | |
| Conclusion | Remerciements; Demande de prompte réponse. | |
| Salutation | | |

## FORMULES

*Nous avons récemment appris que... et...*
*À la suite de votre annonce parue dans...*
*Auriez-vous l'amabilité de...*
*Je vous serais reconnaissant de bien vouloir...*
*Voudriez-vous avoir l'obligeance de...*
*Pourriez-vous nous faire parvenir...*
*Vous nous rendriez service en...*

*Nous vous remercions de l'attention que vous prê-
terez à notre demande et...*
*Avec nos remerciements anticipés...*
*Dans l'éventualité d'une commande de notre
part...*
*Dans l'attente d'une prompte réponse...*
*Nous vous serions reconnaissants de...*
*Nous vous saurions gré de...*

## VOCABULAIRE

*étant donné que...*
*comme...*
*le plus tôt possible*
*brochure*
*dépliant*
*échantillons*
*délais de livraison*
*conditions de paiement*

*avoir l'intention de...*
*ouvrir une succursale*
*passer une commande*
*fournir des renseignements*
*prendre une décision*

# EXEMPLE DE DEMANDE D'INFORMATION

MAGASINS LE VAGABOND
921, rue Véga
Boréal (Québec)
J3L 5J9

Le 5 mars 1998

Multi-sport inc.
2037, boul. Deschenaux
Montréal (Québec)
H6T 4N3

Objet: Demande de renseignements

Mesdames, Messieurs,

Nous avons feuilleté votre catalogue été 1998 et nous avons remarqué que vous distribuez trois nouveaux modèles de tente autoportante: l'Austral II, l'Austral IV et la tente Bivouac.

Ces articles nous intéressent vivement pour nos magasins d'équipement de camping, mais nous aimerions avoir des informations supplémentaires qui n'apparaissent pas dans notre catalogue.
— le poids respectif de ces différents modèles;
— les couleurs offertes;
— le type de confection du plancher (coutures/sans couture);
— la nature de la garantie, s'il y en a une;
— les prix par quantités et les délais de livraison.
Nous vous serions reconnaissants de nous fournir ces renseignements le plus tôt possible.

Agréez, Mesdames, Messieurs, l'expression de nos sentiments les meilleurs.

Ginette Barnes
Ginette Barnes

A) **Rédigez une lettre aux Magasins Le Vagabond afin de recevoir leur catalogue automne 1998.**

B) **La société Lanvin International doit envoyer en Amérique du Sud 30 ingénieurs et techniciens qui ont besoin de cours intensifs d'espagnol et de séminaires sur la culture sud-américaine. Le chef du personnel écrit à l'Institut international des langues pour demander des renseignements et s'enquérir des possibilités de cours sur mesure. Vous écrivez la lettre qui sera envoyée à la directrice de l'Institut.**

C) Vous désirez ouvrir une librairie dans une autre ville. Vous écrivez à la Chambre de commerce locale afin de demander les renseignements qui pourraient être utiles pour votre étude de marché (caractéristiques du marché et de la concurrence, réglementation municipale, etc.). Soyez aussi précis que possible.

## EXERCICE 4    La réponse à une demande d'information

La première qualité d'une réponse à une demande d'information est qu'elle ne se fasse pas attendre. La promptitude est de rigueur si l'on ne veut pas risquer de perdre un acheteur potentiel. Par ailleurs, ces lettres constituent un instrument discret, mais très efficace pour promouvoir l'image d'une entreprise ou d'une organisation et consolider les relations d'affaires. Il s'agit donc d'en soigner la rédaction et la présentation. Le ton de la lettre doit être obligeant, les renseignements fournis aussi précis que possible; on pourra aussi ajouter quelques informations qui mettront en relief les qualités des biens ou des services offerts.

### PLAN DE RÉDACTION

| | |
|---|---|
| Introduction | Remerciements;<br>Rappel de la demande; |
| Développement | Énumération des renseignements désirés (suivre l'ordre de la demande);<br>Complément d'information; |
| Conclusion | Remerciements (si non formulés dans l'introduction);<br>Espoir de transactions futures. |
| Salutation | |

### FORMULES

*Nous vous remercions de votre lettre du...*
*Nous nous empressons de vous fournir les renseignements demandés dans...*
*Nous sommes heureux de vous communiquer les renseignements que...*
*Nous regrettons de ne pouvoir vous fournir les renseignements que...*

*Nous espérons que ces renseignements vous donneront satisfaction et...*
*Dans l'espoir que ces renseignements vous seront utiles...*
*Nous vous remercions de l'intérêt que vous portez à notre entreprise et...*
*Nous demeurons à votre disposition pour...*
*Nous serions heureux de vous compter parmi notre clientèle et...*

### VOCABULAIRE

| | |
|---|---|
| *en outre* | *adresser de la documentation* |
| *de plus* | *être en mesure de...* |
| *par ailleurs* | *assurer le transport, l'installation* |
| *ci-annexé, ci-joint* | *faire remarquer que..., rappeler que...* |

# EXEMPLE DE RÉPONSE À UNE DEMANDE D'INFORMATION

LES COTONS D'AUJOURD'HUI
3546, place d'Youville, Saint-Coton (Québec) G1B 1B9

Le 5 avril 1997

Madame S. Trumain
Boutique Azur
587, av. des Ballerines
Tricoville (Québec)
G3X 2K4

Madame,

Nous vous remercions de votre demande du 24 mars. Nous avons le plaisir de vous envoyer, sous pli séparé, les échantillons de tissus désirés et de vous fournir les renseignements que vous nous avez demandés:

— article #245.27: Polo rallye (homme)
   100 % coton peigné
   tailles offertes: P, M, G, TG
   couleurs: vert forêt, bleu roi                          26 $ l'unité
— article #245.33: Polo excursion (femme)
   100 % coton peigné
   tailles offertes: P, M, G
   couleurs: pervenche, fuchsia                            28 $ l'unité
— article #406.24: Kimono mixte
   100 % coton peigné
   tailles offertes: P, M, G
   couleurs: blanc ou marine                               44 $ l'unité

Ces articles peuvent vous être livrés sous huitaine aux conditions habituelles: 2 % d'escompte pour paiement à 10 jours de livraison; net 30 jours. Une remise de 12 % sur les prix indiqués est accordée sur les quantités de 40 unités et plus.

Dans l'espoir de vos ordres, nous vous prions d'agréer, Madame, nos salutations distinguées.

A) **Rédigez la réponse de Multi-sport inc. à la lettre de Ginette Barnes (exercice 3, exemple de demande d'information).**

B) **Rédigez la réponse de l'Institut international des langues à la demande qui lui a été envoyée (exercice 3 b).**

C) **Rédigez la réponse de la Chambre de commerce à la demande qui lui a été envoyée (exercice 3 c).**

# EXERCICE 5 La commande par lettre, par télécopieur

La plupart des maisons de commerce utilisent, pour passer leurs commandes, *un bulletin (ou bon de commande)*, formulaire sur lequel figurent toutes les informations nécessaires à l'exécution de la commande. Toutefois, un client peut s'engager par lettre à acheter une marchandise ou un service; il précise alors le numéro de commande, les caractéristiques des biens ou des services, la quantité, le prix, le mode de transport et les délais de livraison, les modalités de paiement (délai, remise, escompte). Le style doit être clair, concis, et les informations complètes afin d'éviter tout retard.

Cette lettre se caractérise par l'extrême sobriété de ses termes. Sa rédaction ne retient que ce qui est utile au fournisseur pour l'exécution de l'ordre. Tout autre mention est superflue.

## PLAN DE RÉDACTION

| | | |
|---|---|---|
| Introduction | Rappel de l'objet; | |
| | Références ou raisons de la commande; | |
| Développement | Énumération et description de la marchandise; | |
| Conclusion | Mode de transport, délai de livraison, modalités de paiement. | |
| Salutation | | |

## FORMULES

*Nous vous prions de nous expédier...*
*Nous vous demandons de...*
*Suite à notre entretien téléphonique...*

*Dès réception des articles (de votre facture)...*
*Tel que convenu...*
*Nous vous réglerons...*

## VOCABULAIRE

*expédier, envoyer*
*faire parvenir*
*régler, acquitter*
*une réduction*
*un escompte*
*une ristourne*
*des conditions*

*port dû*
*port payé*
*net 30, 60 jours*
*une remise*
*un rabais*
*des modalités*
*des facilités de paiement*

**McGill**

**Department of Languages and Translation**

| | | |
|---|---|---|
| Centre for Continuing Education | Postal Address | Tel.: (514) 398-6160 |
| McGill University | 770 Sherbrooke Street West | Fax: (514) 398-4448 |
| Place Mercantile | Montreal, QC, Canada   H3A 1G1 | |

Le 31 octobre 1995

Madame,
Monsieur,

J'ai lu dans votre bulletin Infoaction de septembre 1995 que le Commissariat aux langues officielles venait de publier une brochure intitulée **Le français et l'anglais au travail - Ce que les employés fédéraux doivent savoir.**

Je vous saurais gré de bien vouloir me faire parvenir cette brochure à l'adresse ci-dessus.

Je vous remercie à l'avance et vous prie d'accepter mes salutations les meilleures.

Hervé de Fontenay
Directeur de programme,
français langue seconde

Objet: Commande n° 12-519

Messieurs,

Faisant suite à notre entretien téléphonique du 15 courant, je vous confirme les détails de ma commande.

Veuillez me faire parvenir:

— 3 appareils Minolta Maxxum 7000
  avec accessoires: poignée d'alimentation CG,
  récepteur de données 500 G,
  verres de mise au point                          749 $ l'unité
— 4 flashes à programme Minolta AF4000             125 $ l'unité
— 2 objectifs Minolta 28 mm f/2,8 macro            219 $ l'unité

Je vous serais reconnaissant de m'expédier cette commande, port payé, à l'adresse indiquée sur la fiche ci-jointe avant la fin du mois.

Tel que convenu, le montant de la commande, déduction faite de l'escompte de 8 % que vous m'avez accordé, sera réglé par chèque en deux versements égaux, le premier dès réception des articles, l'autre à 30 jours fin de mois.

Recevez, Messieurs, mes sincères salutations.

Jean Poirier

**A)** **Après avoir étudié le catalogue et le prix courant de la société Nature Azimut inc., vous rédigez une lettre de commande pour les articles suivants:**

1. 5 exemplaires du livre *Les baleines* de Jacques Cousteau;
2. 3 outils de poche *Survie*, modèle 12-194;
3. 2 lampes de jardin à énergie solaire, modèle 21-58;
4. 2 microscopes Bausch and Lomb's 50, modèle 23-483.

**Vous formulez vos exigences particulières (délais de livraison et modalités de paiement) et vous précisez que cet ordre pourrait être suivi de commandes plus importantes.**

**B)** **Vous désirez acheter plusieurs nouveaux ouvrages pour votre centre de documentation. Écrivez à la maison de distribution Éditeurs associés pour commander les livres en question.**

# EXERCICE 6    L'accusé de réception

Le fournisseur donne suite à une commande en envoyant un accusé de réception qui confirme l'acceptation intégrale de la commande ou présente un refus, généralement partiel, des conditions. C'est l'occasion d'assurer le client que sa commande sera exécutée avec soin ou, s'il y a refus, de faire preuve de considération envers le client. L'accusé de réception permet de montrer son appréciation et de créer, développer et maintenir des relations saines et fructueuses. On l'envoie le plus tôt possible.

## PLAN DE RÉDACTION

| | | |
|---|---|---|
| Introduction | Remerciements et rappel de l'ordre reçu; |
| Développement | Acceptation/refus des conditions;<br>Précisions complémentaires, si nécessaire; |
| Conclusion | Assurance d'une exécution soignée. |
| Salutation | |

## FORMULES

*Nous vous remercions de...*
*Nous accusons réception de votre...*
*Nous accusons la réception de votre...*

*Nous apporterons tous nos soins à votre commande.*
*Nous vous donnons l'assurance que...*
*Nous espérons que cette livraison vous donnera entière satisfaction.*
*Nous sommes heureux de vous compter parmi nos clients.*
*Nous vous remercions de l'intérêt que vous avez manifesté...*

## VOCABULAIRE

| | |
|---|---|
| *accuser réception* | *d'une commande*<br>*d'un ordre*<br>*d'une demande*<br>*de marchandises* |
| *confirmer* | *un accord*<br>*un entretien*<br>*des conditions*<br>*une date de livraison* |

## EXEMPLE D'ACCUSÉ DE RÉCEPTION

Madame,

Nous accusons réception de votre commande par lettre du 16 courant et nous vous confirmons notre accord sur les conditions d'expédition et de règlement.

Les marchandises seront expédiées sous huitaine par Expéditex inc., port payé. Vous trouverez ci-joint notre facture que vous voudrez bien régler selon les modalités de notre entente.

Nous espérons que nos articles donneront toute satisfaction à votre clientèle et que vous nous favoriserez bientôt de commandes plus importantes.

Veuillez agréer, Madame, nos salutations distinguées.

René Hébert

**Accusez réception de la commande par lettre de l'exercice 5 A. Vous ne pouvez pas accepter les modalités de paiement demandées par le client. Toutefois, comme il s'agit d'une première commande, vous proposez, à titre exceptionnel, d'autres facilités.**

Il se peut que l'on veuille annuler une commande pour une raison quelconque. Si le vendeur a commis une faute, l'acheteur est dans son plein droit; si ce n'est pas le cas, l'acheteur devra faire preuve de beaucoup de tact, car le vendeur n'est pas tenu d'acquiescer à sa demande.

## PLAN DE RÉDACTION

| | | |
|---|---|---|
| Introduction | Rappel de la commande; | |
| Développement | Rappel des engagements du vendeur ou | |
| | Motifs qui justifient l'annulation; | |
| Conclusion | Regret de devoir annuler ou | |
| | Éventualité de commandes futures; | |
| | Remerciements. | |
| Salutation | | |

## FORMULES

*Nous avons commandé, le 5 mai dernier,...*

*Nous regrettons de devoir annuler...*
*Nous nous voyons dans l'obligation d'annuler...*
*Avec tous nos regrets,*
*Nous espérons que cet incident ne nuira pas à nos excellentes relations et...*
*Soyez assuré que...*
*Avec nos remerciements anticipés,...*

## VOCABULAIRE

*compte tenu de...*
*en raison de...*
*malgré, en dépit de...*
*toutefois, or*
*cependant*
*par contre*

*souhaiter vivement*
*venir d'apprendre que...*
*passer une commande*
*respecter ses engagements*
*circonstance imprévue*
*indépendant de notre volonté*

**LES MOTS DOUX INC.**
3535, rue des Tourtereaux
Saint-Valentin (Québec)
J2B 2X4

Le 11 février 1999

Monsieur Samir Kamal
Beau Bureau inc.
2020, boul. Martineau
Montréal (Québec)
H1X 1Y9

Objet: Annulation de la commande SM-8299

Monsieur,

Nous avons commandé, le 29 décembre dernier, six sièges modules de velours rouge, modèle B-344, illustrés à la page 71 de votre catalogue.

Dans l'accusé de réception que vous nous avez fait parvenir le 8 janvier 1999, vous avez indiqué que nous recevrions ces sièges le 8 février, ce qui nous laissait suffisamment de temps pour aménager notre bureau avant la date d'ouverture, prévue pour le 14 février prochain.

Or, comme nous n'avons encore rien reçu, nous regrettons de devoir annuler cette commande.

Veuillez accepter, Monsieur, nos salutations distinguées.

Richard Turcotte

RT/jb

**Vous avez passé une commande importante de produits d'entretien pour piscine en prévision d'une hausse de la demande. Or, un marché plutôt faible et l'arrivée inattendue d'un concurrent dans votre région ont sensiblement fait baisser les ventes. Vous écrivez à votre fournisseur afin de demander l'annulation de votre commande.**

# Leçon 4

## EXERCICE 1    La lettre de réclamation

La rédaction des lettres de réclamation présente certaines difficultés qu'il faut savoir résoudre si l'on veut atteindre le but visé, à savoir exiger l'exécution des engagements et, dans certains cas, obtenir une forme de réparation pour un préjudice subi. Il faut éviter le blâme ou la récrimination. Le ton, tout en étant ferme, doit rester neutre et courtois. La réclamation peut venir d'une erreur ou d'un malentendu, et le client (ou le fournisseur) être de bonne foi, ne l'oublions pas. Si la réclamation est justifiée et l'intéressé récalcitrant, le ton de la lettre de relance se fera alors plus pressant. Toute la difficulté réside dans cet équilibre entre la pondération et la fermeté.

Les réclamations concernant l'exécution d'une commande portent sur la marchandise, la livraison ou la facturation. Dans tous les cas, il est d'abord essentiel d'expliquer de façon précise la situation, sans omettre de détails utiles à la compréhension du litige. Ensuite, il convient d'indiquer la rectification souhaitée (dans les cas d'erreur de facture, d'omission d'un escompte, etc.) ou le mode de règlement envisagé (dans les cas de retard, de marchandises endommagées, etc.).

### PLAN DE RÉDACTION

| | |
|---|---|
| Introduction | Rappel de la commande; |
| Développement | Exposé de l'insatisfaction;<br>Demande de rectification; |
| Conclusion | Remerciements. |
| Salutation | |

### FORMULES

*Nous recevons...*
*Nous avons bien reçu...*
*Suite à la réception de...*
*Le 3 novembre nous avons commandé...*

*Avec nos remerciements anticipés...*
*Dans l'attente de votre réponse...*
*Nous comptons sur votre collaboration dans...*
*Nous sommes persuadés que vous donnerez une suite favorable à notre demande.*

### VOCABULAIRE

| | |
|---|---|
| cependant | constater que... |
| toutefois | s'étonner de... |
| par contre | se glisser |
| préjudiciable | savoir gré de... |
| un délai de livraison | prier instamment de... |
| en mauvais état | avoir l'obligeance, l'amabilité de... |
| un escompte | procéder à... |
| une remise | faire des propositions |

# EXEMPLE DE LETTRE DE RÉCLAMATION

Le 2 mars 1996

Objet: Commande n° 13744-VZ

Messieurs,

Nous avons bien reçu à la date fixée les 5000 dépliants publicitaires que nous vous avions commandés le 18 février et nous vous en remercions.

Toutefois, nous avons été très déçus de constater que ces imprimés ne correspondent pas à la qualité à laquelle vous nous avez habitués. Le papier est plus épais et les couleurs plus ternes. En outre, on remarque des traces d'encre sur un des côtés.

Vous comprendrez qu'il nous est difficile de distribuer ces dépliants à notre clientèle sans que cela n'ait un effet dommageable sur notre image. Nous sommes donc amenés à vous faire les propositions suivantes:

— ou bien vous reprenez les dépliants, qui ne sont pas encore payés;
— ou bien vous les réimprimez sans coûts supplémentaires.

Nous vous serions reconnaissants de nous faire connaître vos intentions dans les plus brefs délais afin que notre prochain envoi publicitaire ne subisse aucun retard.

Veuillez croire, Messieurs, à nos sincères salutations.

Michel Fernandez

**A)** Vous avez passé une commande auprès de la société Infothèque inc. pour des programmes d'ordinateur. Vous aviez spécifié que vous vouliez le manuel d'instructions en français. Lors de la réception de la marchandise, vous constatez que le matériel a été endommagé pendant le transport, sans doute à cause d'un mauvais emballage. De plus, le manuel d'instructions est en anglais. Vous écrivez une lettre de réclamation à la société.

**B)** Vous avez noté que depuis quelque temps les livraisons de votre fournisseur ne sont pas toujours conformes à la commande ou subissent de légers retards. Rien de grave, mais l'accumulation de ces petits problèmes commence à perturber le bon déroulement de votre gestion. Vous écrivez à votre fournisseur pour l'informer de ces incidents et exiger qu'ils ne se reproduisent plus.

**C)** Vous venez de recevoir les 100 jouets éducatifs Construx, modèle 300, que vous aviez commandés auprès de la société Distribution Multijeux. Comme vous constatez une erreur dans la facture, vous écrivez à votre fournisseur pour demander une rectification.

**D)** Reprenez la lettre de l'exercice 8 C de la leçon 2. Écrivez la lettre de réclamation qui a amené cette réponse.

---

## EXERCICE 2    Les réponses aux lettres de réclamation

Lorsqu'un vendeur reçoit une lettre de réclamation, il doit procéder avec diligence afin d'être en mesure de répondre rapidement au client. Une prompte réponse témoignera du sérieux de l'entreprise et de sa considération envers les clients. L'examen attentif de la réclamation, ou une enquête, permettra au fournisseur de déterminer si la plainte est justifiée ou si elle est irrecevable.

### PLAN DE RÉDACTION

**Plainte justifiée**

| | |
|---|---|
| Introduction | Accusé de réception et excuses; |
| Développement | Explication de l'erreur et rectification; |
| Conclusion | Invitation à poursuivre de bonnes relations. |
| Salutation | |

**Plainte injustifiée**

| | |
|---|---|
| Introduction | Rappel de la réclamation; |
| Développement | Justification du refus; |
| Conclusion | Regrets. |
| Salutation | |

### FORMULES

*Nous vous remercions de votre lettre du...*
*Nous nous empressons de répondre à...*
*Nous regrettons vivement...*

*Nous serons heureux d'avoir à nouveau le plaisir de vous servir.*
*Nous espérons que cet incident ne nuira pas à nos relations et...*

*Nous accusons réception de votre lettre du 3 août dans laquelle vous...*
*Nous sommes étonnés d'apprendre que...*

*Nous regrettons de ne pouvoir vous aider et...*
*Nous demeurons à votre service et...*

### VOCABULAIRE

*tout de suite*
*immédiatement*
*sans délai*
*sans tarder*
*dans les plus brefs délais*

*recevoir / livrer au plus tard le...*
*reprendre à nos frais*
*adresser une nouvelle facture*
*s'élever à un montant de...*
*une erreur imputable à...*

---

# EXEMPLE DE RÉPONSE AUX LETTRES DE RÉCLAMATION

Le 30 juillet 1996

Objet: Commande n° 1234-AZ

Monsieur,

Nous nous empressons de répondre à votre lettre du 26 juillet concernant les 12 perceuses à colonne que vous nous avez commandées le 3 juillet et que vous n'avez toujours pas reçues.

Le 8 juillet, nous avons remis six caisses à la société Transport Express inc. qui devait vous les livrer trois jours plus tard. Des recherches auprès du transporteur nous ont appris que ces caisses ont été acheminées par erreur à Sherbrooke où elles sont restées en souffrance jusqu'à ce jour.

Il s'agit là d'une faute imputable à Transport Express inc. qui nous a assuré de la réexpédition immédiate des caisses. Vous devriez les recevoir le 6 août au plus tard.

Nous espérons que ce retard, tout à fait indépendant de notre volonté, n'aura pas de suites fâcheuses sur nos relations et nous vous prions de croire, Monsieur, à nos salutations distinguées.

Maurice Léger
Directeur des ventes

A) **Rédigez la réponse du propriétaire de l'imprimerie commerciale Alliance inc. à la lettre de réclamation de M. Michel Fernandez (exemple de lettre de réclamation, exercice 1).**

B) **Rédigez la réponse de la société Infothèque inc. à votre lettre de réclamation (exercice 1 A).**

C) **En tant que directrice du service des ventes de Distribution Multijeux, vous répondez à la lettre de réclamation de votre client. L'erreur vient d'un prix dont le client n'a pas été avisé en temps utile (exercice 1 C).**

Le recouvrement est le processus par lequel une entreprise rappelle à un client que son compte est en souffrance et qu'il doit procéder au paiement sans délai. La plupart du temps, un oubli ou des difficultés temporaires sont à l'origine du retard, et une simple note de rappel suffit pour obtenir le règlement. Ce premier avis de rappel, qui peut prendre diverses formes selon l'entreprise, doit clairement indiquer l'échéance et le solde impayé. Le ton de la lettre sera impersonnel et cordial. Si le client ignore ce rappel, de nouvelles lettres plus pressantes mais toujours polies seront nécessaires. On aura alors recours, pour convaincre le client, à des arguments basés sur l'importance de la réputation et du crédit ou encore sur la volonté de trouver une solution satisfaisante pour les deux parties.

Si toutes ces tentatives restent sans effet, une mise en demeure avisera le client qu'au-delà d'un délai donné son compte sera remis à une agence de recouvrement ou qu'il sera l'objet de poursuites judiciaires.

## PLAN DE RÉDACTION

## FORMULES

**Première note de rappel**

| | | |
|---|---|---|
| Introduction | Rappel de la dette et de l'échéance; | *Notre Service de la comptabilité nous informe que...* <br> *Selon votre état de compte, vous nous devez..* |
| Développement | Demande de paiement; | |
| Conclusion | Remerciements anticipés. | *Nous vous remercions d'avance et...* <br> *Avec nos remerciements anticipés...* |
| Salutation | | |

**Lettre pressante**

| | | |
|---|---|---|
| Introduction | Rappel du premier avis; | *Notre lettre du... est restée sans réponse et...* <br> *Nous désirons vous rappeler que...* |
| Développement | Offre de solution; | |
| Conclusion | Demande de prompte réponse. | *Nous comptons sur votre collaboration pour...* <br> *Nous apprécierions une réponse dans les plus brefs délais.* <br> *Dans l'attente de votre paiement...* |
| Salutation | | |

**Mise en demeure**

| | | |
|---|---|---|
| Introduction | Rappel des lettres antérieures; | *Nous vous rappelons que...* <br> *Des avis vous ont été envoyés au sujet de...* <br> *Vous n'avez pas encore acquitté votre solde de 2 512 $ malgré...* |
| Développement | Mesures envisagées; | |
| Conclusion | Dernière invitation à régler. | *Ne nous obligez pas à prendre ces mesures désagréables.* <br> *Nous espérons que nous n'aurons pas à recourir à de telles mesures et...* |
| Salutation | | |

## EXEMPLE DE LETTRE DE RECOUVREMENT PRESSANTE

Le 3 juin 1997

Objet: Compte en souffrance

Monsieur,

Votre compte est en souffrance depuis 45 jours et en dépit des deux avis que nous vous avons envoyés, vous n'avez pas encore acquitté la somme de 684 $ que vous devez (fact. n° 186).

S'il ne vous est pas possible de régler cet arriéré dans la huitaine, nous vous prions de bien vouloir entrer en communication avec nous afin de prendre les arrangements qui vous permettront d'honorer vos obligations.

Nous avons le regret de vous informer qu'aucun nouvel achat ne pourra être porté à votre compte avant que nous ne soyons arrivés à un accord.

Agréez, Monsieur, nos sincères salutations.

Paul Vitez

# EXEMPLE DE MISE EN DEMEURE

Objet: Mise en demeure

Monsieur,

Nous vous avons, à trois reprises, demandé le règlement de notre facture du 13 juin, s'élevant à 4 254,85 $.

Devant nous-mêmes faire face à nos engagements, nous vous prions de nous préciser, par retour du courrier, comment vous comptez nous régler cette somme.

Sans réponse de vous dans la huitaine, nous remettrons cette affaire à notre service du contentieux.

Agréez, Monsieur, nos salutations.

Paul Vitez

**A)** Rédigez un premier avis de rappel amical à une cliente qui a négligé d'effectuer son paiement à la date convenue.

**B)** N'ayant obtenu de votre cliente aucune réponse à votre avis, rédigez une seconde lettre courtoise mais plus ferme que la première.

**C)** L'envoi de deux lettres de recouvrement et un appel téléphonique n'ont abouti à aucun résultat. Vous décidez d'envoyer une mise en demeure à l'intéressée lui enjoignant d'acquitter son compte immédiatement sous peine de poursuites judiciaires.

L'offre de service est une lettre individualisée qu'une entreprise adresse à un certain nombre de correspondants. Par cette communication, l'entreprise cherche principalement à convaincre des commerçants ou des particuliers de devenir ses clients. L'offre de service se situe en quelque sorte entre la circulaire, dont l'objet est d'informer et de sensibiliser la clientèle, et la lettre de vente qui est résolument publicitaire.

### PLAN DE RÉDACTION

| | |
|---|---|
| Introduction | Rappel des relations antérieures, si vous connaissez personnellement votre correspondant; |
| Développement | Exposé clair et précis de l'objet de la lettre; Argumentation solide de vos produits ou services, et des avantages que vous êtes prêt à accorder; |
| Conclusion | Invitation à passer une commande promptement. |
| Salutation | |

## EXEMPLE D'OFFRE DE SERVICE

Mesdames, Messieurs,

Je prends la liberté de vous présenter une offre de service qui devrait répondre, je pense, aux besoins d'une entreprise comme la vôtre.

Pour cause d'inventaire, nous sommes prêts à céder 22 machines à café automatiques Lumax 500 au prix tout à fait exceptionnel de 189 $ l'unité.

La réputation de cette marque n'est plus à faire; quant à la machine Lumax 500, c'est un appareil de qualité supérieure qui connaît un succès considérable. Depuis que nous la distribuons, notre clientèle a toujours témoigné de son entière satisfaction.

Notre maison existe depuis plus de 20 ans, et nous pouvons citer parmi nos clients la chaîne Hôtels et Relais, la société Dulac international, plusieurs établissements scolaires et de nombreux centres de villégiature. Nous assurons un service d'approvisionnement et d'entretien complet, sept jours sur sept, dont nous sommes très fiers.

Dans l'espoir de vous compter bientôt au nombre de nos clients, nous vous prions d'agréer, Mesdames, Messieurs, nos meilleures salutations.

Murielle Levasseur
Directrice du service des ventes

**A)** Rédigez une offre de service à une ancienne cliente. Vous disposez d'un lot de bijoux d'occasion.

**B)** Rédigez une lettre à plusieurs commerçants en leur offrant des systèmes d'alarme. Pour mieux les convaincre, vous leur proposez de recevoir la visite d'un de vos représentants.

## EXERCICE 5    La lettre de vente

La lettre de vente est un message publicitaire à part entière et, à ce titre, elle est soumise aux principes de rédaction propre au style publicitaire.

On adresse généralement une lettre de vente à un groupe cible, bien défini, dont on a au préalable étudié les caractéristiques (âge, profession, revenu, etc.). Une bonne connaissance du groupe visé permettra de choisir avec justesse le ton et la forme de la lettre.

Quant au but de la lettre de vente, il est bien entendu de faire vendre. Pour cela, il faut d'abord qu'elle soit lue, ce qui n'est pas chose aisée, car le nombre d'imprimés publicitaires envoyés par courrier est impressionnant. Il s'agira de déployer un éventail de moyens linguistiques et de les utiliser avec adresse.

Avant d'entamer une lettre de vente, le rédacteur devra établir un plan en fonction des quatre étapes qui constituent le cheminement psychologique idéal du lecteur: **Attention, Intérêt, Désir** et **Action**.

### PLAN DE RÉDACTION

| | |
|---|---|
| Introduction | L'introduction a pour objectif de retenir l'attention du lecteur et d'éviter que l'imprimé soit jeté au panier. Elle doit donc être frappante, évocatrice et positive. On a souvent recours dans cette étape au slogan, à la formule choc ou à l'annonce. |
| Ouverture du développement | L'ouverture du développement vise à aller plus loin et à éveiller un véritable intérêt chez le lecteur. On décrira le produit ou le service que l'on veut vendre en prenant appui sur les éléments psychologiques (l'attrait de la nouveauté, le prestige, l'indépendance, le luxe, etc.) les plus susceptibles de retenir le lecteur du groupe cible. |
| Cœur du développement | Le cœur du développement doit réussir à convaincre le lecteur des avantages du produit ou du service. En effet, si la distance à franchir entre l'intérêt et le désir n'est pas si grande, elle est par contre importante entre le désir et l'action si l'on n'a pas convaincu l'interpelé des avantages de l'offre. Les moyens mis en œuvre à cette étape seront une argumentation solide (ne pas oublier de prévenir les objections) et le développement des éléments de motivation psychologique (la sécurité, la curiosité intellectuelle, l'appartenance culturelle, etc.). |
| Conclusion | La conclusion doit encourager le lecteur à passer à l'action. Pour cela, il faudra d'une part que les informations concernant l'offre soient complètes et précises et, d'autre part, que l'action puisse se faire immédiatement et avec le minimum d'effort. |

**A) Rédigez l'introduction d'une lettre de vente (à l'aide d'une amorce, d'une formule choc ou d'un slogan) pour chacune des situations suivantes.**

1. Vous êtes un fabricant de tables de travail, d'armoires modulaires, d'étagères métalliques, etc. Le spécialiste du rangement.

   _____

   _____

   _____

   _____

2. Vous êtes une maison d'édition de luxe et vous venez de publier un livre d'art dont la distribution sera limitée.

   _____

   _____

   _____

   _____

3. Vous êtes une société de consultation en informatique et vous offrez une expertise en bureautique, en développement de systèmes et en gestion de logiciels.

   _____

   _____

   _____

   _____

**B) Rédigez la conclusion d'une des lettres de l'exercice A.**

_____

_____

_____

_____

**C) Lisez attentivement les trois lettres authentiques suivantes. Faites-en l'analyse (plan, argumentation, formulation, présentation) et critiquez-les au besoin.**

le 13 novembre 1995

R
XX2

Monsieur, Madame,

### Une offre spéciale de la Banque Royale pour la saison des fêtes !

À titre de clients appréciés de la Banque Royale, vous pouvez profiter d'une offre toute spéciale qui vous permet de mieux maîtriser votre budget du temps des fêtes et de bénéficier ainsi d'une plus grande souplesse en ce qui concerne vos paiements hypothécaires.

Chaque année à cette période, nous offrons à nos meilleurs clients la possibilité de sauter un versement hypothécaire.

Notre option «Sauter un versement» vous permet de sauter l'équivalent d'un mois de capital et d'intérêts sur votre hypothèque pour le mois de décembre 1995 ou de janvier 1996.

Il n'y a aucuns frais à débourser, et vos paiements ultérieurs ne changeront pas pour la durée de votre terme hypothécaire. Les intérêts seront ajoutés au capital à rembourser. Et si vous le souhaitez, vous pouvez remettre votre versement sauté en tout temps.

L'équilibre du budget est très important, surtout à cette période de l'année. Si vous désirez profiter de notre offre, vous n'avez qu'à remplir la demande ci-dessous et la poster dans l'enveloppe fournie à cet effet. Vous pouvez aussi, si vous passez à votre succursale, la déposer en personne. D'une façon ou de l'autre, nous devons recevoir votre demande 5 jours avant la date du paiement que vous désirez sauter, pour que celle-ci soit traitée à temps.

Pour en savoir davantage sur cette offre et sur d'autres options de versements hypothécaires qui pourraient vous intéresser, veuillez consulter le dépliant ci-joint.

Au nom de tout le personnel de votre succursale de la Banque Royale, je vous offre mes meilleurs vœux pour la nouvelle année.

Succursale Laurier & Parc
Directeur, Services bancaires personnels

Denis Laventure

P.-S. — Rappelez-vous que vous devez nous faire parvenir votre coupon pour sauter un versement 5 jours avant la date du paiement que vous désirez sauter afin que votre demande soit traitée à temps.

Code de confirmation
V19551-DGEM1

CLUB
INTRAWEST
—Tremblant—

Client N°
01-0026938

Cher client, chère cliente,

N'attendez pas!
Composez le 1 800 741-5226
Cette offre se termine
le 31 janvier 1996

Actuellement, vous pouvez épargner sur des vacances de ski dans la «nouvelle station par excellence dans l'est de l'Amérique du nord», selon la revue Ski.

Nous avons déjà pris des dispositions provisoires pour votre séjour de trois jours et deux nuits à Mont-Tremblant, dans l'un des élégants condominiums hôtels de Tremblant, comme le Saint-Bernard. Votre inscription est prévue le 22 janvier 1996.

Veuillez nous appeler immédiatement pour prendre d'autres dispositions si cette date ne vous convient pas.

Et avec le coupon-vacances ci-joint, vos mini-vacances de ski de deux nuits ne vous coûteront que 49 $ la nuit! Cela représente une économie de 122 $ par rapport à ce que vous devriez payer normalement!

Il vous suffit d'appeler sans frais le 1 800 741-5226 pour confirmer votre réservation ou pour vous renseigner sur les autres dates disponibles.

Vous savez déjà que Tremblant est le paradis des skieurs depuis 1939. Mais ce que vous ignorez, c'est que nous avons apporté certains changements dont vous raffolerez. Nous avons créé de nouvelles pistes extraordinaires et ajouté des remontées ultra-rapides qui vous permettront de skier encore plus. Je crois aussi que vous apprécierez nos superbes boutiques, nos excellentes salles à manger et les merveilleuses soirées au Village.

Ce forfait-évasion exclusif s'adresse spécialement à des personnes comme vous, qui veulent ce qu'il y a de mieux lorsqu'elles voyagent. En retour, nous vous demandons de réserver environ 90 minutes de votre séjour pour participer, sans aucune obligation, à une présentation de vente sur le Club Intrawest, et de respecter les modalités de participation énoncées au bas de la carte-réponse ci-jointe.

Venez vivre des vacances de ski incomparables. Composez le 1 800 741-5226.

Sincères salutations.

Alasdair Douglas
Corporation centre de villégiature Intrawest

P.S. N'oubliez pas : vous ne payez que 49 $ la nuit pour de luxueuses vacances de ski de deux nuits. Il s'agit d'une occasion unique. Composez sans frais le 1 800 741-5226 ou remplissez et retournez par télécopieur la carte-réponse ci-jointe pour ne pas manquer votre chance. N'oubliez pas d'indiquer votre numéro de téléphone pour que nous puissions vous joindre.

1231LF5

LaSalle, le 4 décembre 1995

Madame,
Monsieur,

Il me fait plaisir de vous offrir les nouveaux catalogues *Beaux Livres* et *Livre-Atelier* Hurtubise HMH. Notre maison, reconnue dans le milieu de l'éducation depuis des années déjà avec le célèbre Bescherelle *L'Art de conjuguer*, vous propose maintenant de somptueux albums couleurs à des prix abordables.

J'attire particulièrement votre attention sur une idée qui révolutionne à l'heure actuelle le monde de l'édition, le *Livre-Atelier*, véritable livre vivant puisqu'il s'anime devant vos yeux. Ici les personnages, loin d'être livresques, se sont constitués en pur objet à trois-dimensions et s'appellent pinceau chinois, runes, tubes de peinture ou corde magique. À vous de les animer dans votre propre atelier!

En ce temps des Fêtes, le beau livre se révèlera un cadeau d'entreprise original et plaira certainement à vos clients ou employés, qu'ils soient amateurs de jazz, de vélo, de paysages pittoresques ou de jardinage. Avis aux jeunes parents parmi vous, HMH fait découvrir à vos tout-petits les premiers concepts de la vie avec deux superbes albums couleurs: *Coucou!* et *Mon corps et moi.*

Vous pouvez commander de quatre façons: 1) la poste, 2) le télécopieur, 3) le téléphone, ou 4) votre libraire. Pour de plus amples renseignements, n'hésitez-pas à communiquer avec nous. Il nous fera grand plaisir de répondre à vos questions.

Dans l'attente de vous entendre, Madame, Monsieur, je veux vous souhaiter, au nom des Éditions Hurtubise HMH, un Joyeux Noël et une Bonne Année 1996.

Christian Reeves
Directeur commercial

CR/lmh

**ÉDITIONS HURTUBISE HMH LTÉE**
Administration: 7360, boulevard Newman, LaSalle (Québec) Canada H8N 1X2 Téléphone: (514) 364-0323 Télécopieur: (514) 364-7435
1-800-361-1664

# EXERCICE 6    La lettre de vente (suite)

**A) Vous venez d'ouvrir un centre sportif polyvalent. Vous décidez d'écrire une lettre de vente après une étude de marché qui vous a permis de cerner votre groupe cible. La santé sera l'élément de motivation à l'aide duquel vous espérez susciter l'intérêt de vos lecteurs. (*Consultez le tableau 4.*)**

1. Déterminez les différents points que vous devez aborder en respectant le plan général d'une lettre de vente.

2. Notez toutes les idées qui se présentent spontanément à votre esprit et classez-les par catégories.

3. Établissez votre plan détaillé.

**B) Vous écrivez une lettre de vente pour présenter à votre clientèle votre nouvelle gamme de photocopieuses. Vous cherchez à mettre en relief les améliorations technologiques importantes de ces nouveaux modèles (commandes électroniques, rapidité d'exécution, netteté de la reproduction, etc.). Suivez les mêmes conseils que pour la situation A.**

**C) Vous venez de lancer sur le marché un nouveau mensuel, *Opérations*, destiné au monde des affaires. Une étude des caractéristiques du marché vous a permis de définir avec précision le lecteur type et de déterminer ses goûts et ses besoins. Vous décidez d'écrire une lettre de vente qui présentera le mensuel et le distinguera de la concurrence. Suivez les mêmes conseils que pour la situation A.**

# Leçon 5

## EXERCICE 1  Le curriculum vitæ: règles générales

Le curriculum vitæ joue en quelque sorte le rôle d'une carte professionnelle: il vous représente auprès de l'employeur. C'est à partir de ce document que le recruteur décidera de vous accorder une entrevue. Or, le processus d'élimination qui se produit au stade de la présélection est dans la plupart des cas très sévère. Il est donc essentiel d'apporter le plus grand soin à la rédaction et à la présentation de votre curriculum vitæ.

Pour bien en choisir le contenu, vous devez respecter les principes suivants:
- les informations doivent être vraies;
- les informations doivent être pertinentes pour l'employeur;
- les informations doivent respecter un certain ordre de présentation.

Seules une bonne connaissance de soi (compétences, aptitudes, qualités, etc.) ainsi qu'une connaissance du marché du travail et de ses exigences (savoir communiquer, savoir prendre des initiatives, accepter des responsabilités, etc.) permettent de faire un choix judicieux et de donner au document à la fois un caractère personnel et un aspect professionnel. Le candidat doit donc se poser un certain nombre de questions, et y répondre, s'il veut disposer de tous les éléments d'information nécessaires à l'élaboration de son curriculum vitæ.

Il n'existe pas de guide ni de méthode uniques pour la rédaction du curriculum vitæ. Certains opteront pour le curriculum vitæ fonctionnel (antécédents scolaires, activités professionnelles, en commençant par les plus récents), d'autres pour le format chronologique (axé sur les aptitudes et les réalisations professionnelles) qui est plus courant et plus apprécié en général des employeurs. Quant à la disposition et au style, cela peut varier considérablement. Néanmoins, on retrouvera dans tous les documents les catégories de renseignements suivantes:

- l'identification;
- la formation personnelle et professionnelle;
- les affiliations;
- les expériences de travail;
- les activités et intérêts divers;
- les loisirs;
- les objectifs de carrière (facultatif);
- les références.

On n'accorde jamais trop d'attention à la présentation graphique d'un curriculum vitæ, surtout depuis l'introduction massive du traitement de texte qui offre dans ce domaine de multiples possibilités.

L'aspect du document contribuera beaucoup à son efficacité. Si la présentation doit être cohérente, précise et sobre, c'est que l'employeur doit rapidement repérer les éléments essentiels et identifier les renseignements désirés. Cela ne doit toutefois pas empêcher une certaine personnalisation du document afin qu'il se distingue de ceux que l'employeur reçoit quotidiennement. On choisira donc judicieusement le papier, le caractère d'imprimerie, la mise en page, etc.; on soignera le style, le code orthographique, les titres et les sous-titres, etc.

**Répondez aux questions suivantes.**

1. Quelle est à votre avis la longueur recommandée d'un curriculum vitæ?

   _____

2. Lorsque l'on parle d'«ordre chronologique», que veut-on dire exactement? Comment dispose-t-on les éléments des différentes rubriques?

   _____

   _____

3. Certains spécialistes associent le curriculum vitæ à une annonce publicitaire et conseillent d'y inclure une «accroche». De quoi s'agit-il exactement?

   _____

   _____

   _____

4. Est-il préférable de joindre au curriculum vitæ des copies des diplômes, des lettres de recommandation ou d'autres documents?

   _____

5. Faut-il mentionner le salaire désiré (les prétentions) dans un curriculum vitæ?

   _____

**A)  Étudiez le modèle de curriculum vitæ suivant.**

## CURRICULUM VITÆ

Solange Marois
834, rue Lacombe
Montréal (Québec)
H6D 2K9
Téléphone: (514) 844-7752

*Études*

| | |
|---|---|
| 1991-1994 | Université de Montréal<br>Baccalauréat en psychologie |
| 1989-1991 | École de secrétariat (Québec)<br>Cours de secrétariat et d'administration |
| 1988 | Institut Gœthe, Stuttgart (Allemagne)<br>Cours intensifs d'allemand |
| 1985-1988 | Collège de Montréal<br>Diplôme d'études collégiales (DEC) |

*Expériences professionnelles*

| | |
|---|---|
| 1998-1999 | Ministère des Communautés culturelles et de l'Immigration (Montréal)<br>Professeure<br>Enseignement du français langue seconde dans les Centres d'orientation et de formation des immigrants<br>— Conception et planification des cours<br>— Évaluation des compétences linguistiques |
| 1996-1997 | Bureau de formation linguistique (Montréal)<br>Consultante et professeure<br>— Consultation dans les entreprises pour la formation linguistique du personnel<br>— Animation d'ateliers («Savoir s'exprimer en public»)<br>— Enseignement (techniques de l'écrit, rédaction administrative et commerciale) |
| 1994-1996 | Les éditions du Levant (Québec)<br>Secrétaire<br>Correspondance d'affaires; procès-verbaux et rapports; comptabilité, etc.<br>Dactylo: 60 mots/minute<br>Traitement de texte: WordPerfect |

*Associations professionnelles*

| | |
|---|---|
| 1998-1999 | Association québécoise des professeurs de français (AQPF) |

*Autres expériences*

Membre du conseil d'administration du Centre Loisirs Plus
à titre de trésorière (1995-1997)
Directrice du journal étudiant *L'Œil* (1987)

*Intérêts particuliers*

Cinéma et théâtre; langues étrangères (anglais, allemand)
Voyages: Europe (1988), Amérique du Sud (1990)
Sports: équitation, tennis, ski de fond

*Références*

Références et lettres de recommandation seront fournies sur demande.

**B)** Choisissez dans un journal une annonce qui convienne à vos aspirations et rédigez le curriculum vitæ que vous enverrez à l'employeur en question.

---

## VOCABULAIRE

Certains adjectifs et verbes d'action sont souvent employés dans un curriculum vitæ. Les adjectifs peuvent être pris, également, sous forme d'adverbe ou de nom; par exemple **patient, patiemment, patience.**

### Adjectifs

| | | | | | |
|---|---|---|---|---|---|
| active | créative | adroite | analytique | capable | calme |
| dynamique | originale | méthodique | diligente | compétente | souple |
| efficace | innovatrice | minutieuse | déterminée | productive | sensible |
| énergique | ingénieuse | organisée | consciencieuse | responsable | patiente |
| débrouillarde | artistique | logique | professionnelle | pratique | serviable |
| diplomatique | perspicace | précise | ponctuelle | exigeante | flexible |
| indépendante | intuitive | fiable | persévérante | prudente | sociable |

### Verbes d'action

| | | | | | |
|---|---|---|---|---|---|
| accomplir | gérer | calculer | formuler | vérifier | rédiger |
| produire | administrer | élaborer | exposer | concilier | concevoir |
| fournir | aménager | chercher | former | influencer | prévoir |
| exploiter | réorganiser | identifier | initier | motiver | examiner |
| exécuter | instituer | adapter | enseigner | traiter | réviser |
| bâtir | améliorer | coordonner | évaluer | assembler | guider |
| augmenter | budgéter | analyser | recommander | compiler | revoir |
| conseiller | diriger | créer | consigner | faciliter | favoriser |
| livrer | fonder | établir | superviser | estimer | surveiller |
| planifier | recueillir | promouvoir | enquêter | étudier | observer |
| obtenir | déléguer | expédier | mettre en œuvre | servir | persuader |
| distribuer | représenter | traduire | résoudre | réduire | maintenir |

---

## EXERCICE 3    La lettre d'accompagnement

Cette lettre, qui accompagne le curriculum vitæ, peut être une réponse à une offre d'emploi ou tout simplement une candidature spontanée. Elle permet au candidat de postuler un emploi, de se présenter, de susciter un intérêt particulier pour son curriculum vitæ et de demander une entrevue. En outre, elle peut fournir l'occasion au candidat de montrer sa connaissance de l'organisme auprès duquel il fait une demande et du poste qui l'intéresse.

Une lettre d'accompagnement doit être pertinente et concise, déférente mais non obséquieuse; elle doit présenter le candidat sous un jour favorable sans vantardise ni complaisance inutile, et clairement indiquer la volonté de ce dernier de travailler.

En outre, les employeurs sont en général très sensibles à la forme et à la présentation. Rien ne peut nuire autant à un candidat qu'une lettre trop longue et mal organisée, parsemée de coquilles ou de fautes orthographiques. Comme pour le curriculum vitæ, il faudra s'assurer que ce document est irréprochable à tous points de vue.

## PLAN DE RÉDACTION

| | | |
|---|---|---|
| Introduction | Rappeler l'annonce;<br>Mentionner le but;<br>Spécifier le poste désiré; | |
| Développement | Préciser:<br>compétences, connaissances, intérêts qui correspondent aux besoins de l'employeur; études et emplois;<br>Renvoyer au curriculum vitæ; | |
| Conclusion | Énoncer une demande d'entrevue avec la conclusion. | |
| Salutation | | |

## FORMULES

*J'ai relevé (j'ai lu) dans* Le Devoir *du 15 janvier l'annonce par laquelle vous demandez...*
*En réponse à votre annonce...,*
*Je désire poser ma candidature au poste de...*

*Je crois posséder les qualités, les compétences requises...*
*J'ai acquis une expérience...*
*J'ai travaillé comme...*

*Je joins à ma lettre mon curriculum vitæ...*

*Je me tiens à votre disposition pour une entrevue...*

## CONSEILS

• La lettre d'accompagnement doit absolument être un original, signée à l'encre et adaptée à l'entreprise et au poste que vous désirez; n'envoyez pas de photocopie sur laquelle vous auriez seulement remplacé le nom de l'employeur.

• La plupart des offres d'emploi spécifient les qualités requises; mentionnez-les dans votre lettre d'accompagnement.

• Adressez, si possible, votre lettre à une personne en particulier.

# EXEMPLE DE LETTRE D'ACCOMPAGNEMENT

Le 5 février 1996

Monsieur,

J'ai pris connaissance de votre annonce parue dans *Le Soir* du 6 juin et je me permets de poser ma candidature au poste de directeur commercial actuellement vacant dans votre entreprise.

Comme vous le constaterez en parcourant mon curriculum vitæ, j'occupe depuis huit ans le poste de directeur des ventes dans la compagnie Promex inc. Cet emploi m'a permis d'acquérir une vaste expérience dans le domaine du marketing et de la vente. Je crois par ailleurs avoir connu beaucoup de succès dans la planification stratégique et dans l'administration du service. Les compétences et les aptitudes que j'ai développées au cours de ces années me semblent correspondre à celles que vous exigez pour le poste de directeur commercial.

Je voudrais étendre mon expérience et relever de nouveaux défis, mais la compagnie Promex n'offre pas pour l'instant de possibilités de promotion intéressantes. Je pense que mon profil (formation et expérience) devrait retenir votre attention et je me tiens à votre disposition pour une entrevue le jour qui vous conviendra.

Veuillez agréer, Monsieur, l'expression de mes meilleurs sentiments.

Louis Orsena

**A) Rédigez une lettre d'accompagnement à joindre au curriculum vitæ que vous avez fait dans l'exercice 2B.**

**B)** Choisissez l'une des annonces suivantes et écrivez à l'employeur une lettre de demande d'emploi.

## VILLE DE POINTE-CLAIRE

## BIBLIOTHÉCAIRE

La Ville de Pointe-Claire requiert les services d'une bibliothécaire pour faire de l'animation, de la référence et être responsable des services audiovisuels de la Bibliothèque publique de Pointe-Claire.

**Description sommaire des tâches :**

◆ Voit à la planification et au développement des collections audiovisuelles en faisant la sélection et l'achat des disques compacts, vidéocassettes, cassettes audio, Cd-roms, etc.

◆ Voit à la planification et à la mise en place des activités d'animation pour adultes

◆ Participe aux services de référence au public

◆ Participe au choix de livres anglais pour adultes

**Qualifications requises :**

◆ Diplôme d'une école de bibliothéconomie accréditée

◆ Expérience dans un poste semblable

◆ Avoir des connaissances en musique et en cinéma

◆ Connaissance de l'informatique et en particulier du système Best-Seller

◆ Parfaitement bilingue

**Salaire :** Selon compétence et qualifications.

Les personnes intéressées et qualifiées voudront bien faire parvenir leur curriculum vitae avant le 4 mai 1996 à :

**Marcel Carmoni**
**Directeur des ressources humaines**
**VILLE DE POINTE-CLAIRE**
**451, boulevard Saint-Jean**
**Pointe-Claire (Québec) H9R 3J3**

*Nous communiquerons seulement*
*avec les personnes retenues*
*pour une entrevue.*

## CHARGÉ(E) DE PROGRAMMATION

**SECTEURS :** — **FORMATION**
— **INFORMATION**
— **JEUNESSE ET FAMILLE**
— **SCIENCES, SERVICES ET SOCIÉTÉ**

Le chargé de programmation relève du directeur du secteur. Il le conseille et, sous sa direction, prend en charge des dossiers de programmation tant en acquisitions qu'en production interne ou externe. Ainsi :

Il conçoit et effectue des recherches concernant la planification de la programmation et le développement du secteur concerné. Il élabore et propose des orientations et des objectifs pour des séries et des documents uniques. Autant en production externe qu'interne, il s'assure du respect du mandat et de la qualité de la production et ce, à toutes les étapes. Il assure l'accueil et l'évaluation des divers projets d'acquisition ou de production externe. En acquisition, il sélectionne, évalue et recommande l'acquisition de droits de documents.

**Exigences:**

— Diplôme universitaire de premier cycle en sciences de la communication, en sciences de l'éducation ou dans une autre discipline appropriée, selon le secteur d'activités concerné.

— Trois années d'expérience pertinente.

— Excellente culture générale et très grande culture spécialisée au secteur concerné.

— Bonne connaissance de la production en télévision.

— Excellente connaissance de la langue française et très bonne connaissance de la langue anglaise.

**Traitement:** 30 345 $ à 57 527 $.

*Prière de faire parvenir votre curriculum vitae en spécifiant le secteur d'activité pour lequel vous êtes intéressé(e), avant le 29 avril 1996, 17 heures, à:*

**Suzanne Trudeau**
**Radio-Québec**
**1000, rue Fullum**
**Montréal (Québec) H2K 3L7**

## ULTRAMAR CANADA INC.

Ultramar Canada Inc. recherche pour son siège social de Montréal un(e):

### DIRECTEUR(TRICE) DU SERVICE FISCAL

Relevant du chef des Finances, vous dirigerez le service de la Fiscalité en coordonnant les activités reliées à l'impôt sur le revenu, l'impôt foncier et les taxes à la consommation.

Vous possédez le titre de C.A. ainsi qu'un minimum de 7 ans d'expérience en impôt sur le revenu. La réussite du cours fondamental de fiscalité de l'I.C.C.A. constitue un atout. Le bilinguisme est essentiel de même qu'une connaissance des taxes à la consommation.

Nous offrons une rémunération concurrentielle ainsi qu'un programme complet d'avantages sociaux.

Veuillez faire parvenir votre curriculum vitae avant le 19 avril 1996 à: Linda Lalonde, service des Ressources humaines, Ultramar Canada Inc. 2200, av. McGill College, Montréal (Québec) H3A 3L3. **Télécopieur: (514) 499-6446.**

Seules les personnes dont la candidature est retenue seront avisées.

Ultramar Canada Inc. souscrit au principe de l'équité en matière d'emploi.

C2364931

*Institution vivante à la fine pointe de la technologie dans un secteur en constante évolution, la Bourse de Montréal est au cœur de l'activité boursière canadienne.*

## Directeur, Exploitation des systèmes

La Bourse de Montréal est à la recherche d'un directeur, Exploitation des systèmes pour son service des Technologies de l'information. Sous l'autorité du premier vice-président, le directeur est responsable de la gestion des systèmes de production, des réseaux de télécommunications, des opérations informatiques et du support technique sur le parquet.

Réputé être gestionnaire efficace, le candidat est bilingue et possède au moins 10 ans d'expérience en informatique dont au moins 3 comme gestionnaire d'un groupe d'exploitation. La préférence sera accordée aux candidats ayant une expérience de gestion de systèmes critiques dans le secteur financier.

Veuillez soumettre votre candidature au plus tard le 22 avril 1996.

**Bourse de Montréal**
Service des ressources humaines
Tour de la Bourse, C.P. 61, 800, square Victoria
Montréal (Québec) H4Z 1A9

*La Bourse de Montréal offre des chances égales d'emploi. La forme masculine dans ce texte désigne aussi bien les femmes que les hommes. Seuls les candidats retenus recevront un accusé de réception.*

## EXERCICE 4 — La demande de renseignements sur une personne et la réponse

Lorsqu'un employeur a fait une première sélection des candidats, il vérifie les références et cherche à obtenir l'appréciation personnelle des employeurs précédents. Un échange de lettres peut être nécessaire dans ce cas. Comme toute demande de renseignements, la lettre doit être brève, précise et polie.

Quant à la réponse, elle est délicate à rédiger; une lettre de référence peut jouer un rôle capital à l'embauche. Elle peut être favorable ou évasive; dans tous les cas, elle doit refléter honnêtement et le plus fidèlement possible la personnalité du candidat. Il faut distinguer la réponse à une demande de renseignements d'une lettre de recommandation qui est le plus souvent remise à l'intéressé. Dans le cas d'une lettre de recommandation, l'appréciation est alors généralement favorable; dans le cas contraire, il vaut souvent mieux, pour la personne sollicitée, refuser d'écrire une lettre de recommandation.

**La demande**

| PLAN DE RÉDACTION | | FORMULES |
|---|---|---|
| Introduction | Exposer les motifs de la requête; | *Votre ancien employé a présenté sa candidature au poste de...* <br> *Suite à une annonce que nous avons fait paraître,...* |
| Développement | Préciser le genre de renseignements désirés; | *Nous aimerions avoir (connaître) votre avis (opinion) sur..., (en ce qui concerne)..., la compétence, le caractère, les capacités...* |
| Conclusion | Remercier. | *Nous vous remercions d'avance pour les renseignements...* |
| Salutation | | |

# EXEMPLE DE LETTRE DE DEMANDE DE RENSEIGNEMENTS

Montréal, le 15 avril 1997

Madame,

Suite à notre annonce publiée dans *Le Devoir,* votre ancien employé, monsieur Pierre Bréau, a sollicité le poste de réviseur-traducteur dans notre société. Il nous donne votre nom comme référence et nous dit avoir travaillé sous vos ordres pendant trois ans.

Il nous semble que sa formation et son expérience correspondent à celles que nous exigeons pour ce poste. Toutefois, avant de prendre une décision, nous aimerions connaître votre avis sur ses compétences et ses capacités professionnelles, ainsi que sur son caractère et sa personnalité.

Nous vous remercions d'avance des renseignements que vous accepterez de nous communiquer. Ils seront, bien sûr, considérés comme strictement confidentiels.

Nous vous prions de croire, Madame, à nos sentiments distingués.

Simon Lévy

---

La réponse

## PLAN DE RÉDACTION

## FORMULES

| | | |
|---|---|---|
| Introduction | Accuser réception de la demande; | *En réponse à votre lettre,...* <br> *Nous nous empressons de répondre à votre lettre...* |
| Développement | Communiquer son opinion favorable ou évasive; | *Nous n'avons pu qu'apprécier...* <br> *Il nous a donné entière satisfaction...* |
| Conclusion | Recommander l'employé, selon la réponse. | *Nous le croyons capable de...* <br> *Nous nous permettons de le recommander pour le poste qu'il sollicite...* <br> *Nous vous suggérons de chercher un avis plus autorisé...* |
| Salutation | | |

# EXEMPLE DE RÉPONSE À UNE DEMANDE DE RENSEIGNEMENTS

Montréal, le 3 février 1997

Monsieur,

En réponse à votre lettre du 27 janvier, je m'empresse de vous donner les renseignements demandés sur monsieur Robert Niroux.

Je l'ai engagé dans ma maison de production vidéo Filmage comme assistant à la production il y a maintenant près de trois ans et j'ai toujours été très satisfait de sa compétence et de son caractère conciliant. Robert Niroux est un collaborateur consciencieux, intelligent et ponctuel. Il a prouvé en outre qu'il pouvait prendre des initiatives lorsque cela s'avérait nécessaire.

Je tiens également à souligner le fait que Robert Niroux a toujours cherché à s'améliorer. En plus de participer régulièrement à différentes activités de formation, il travaille bénévolement pour notre association professionnelle.

C'est donc avec le plus grand plaisir que je le recommande chaudement à votre attention. Je suis convaincu qu'il vous donnera entière satisfaction.

Dans l'espoir que ces renseignements vous satisferont, je vous prie d'agréer, Monsieur, mes sincères salutations.

Luc Boisvert

---

**A)** Vous êtes directeur de l'agence de publicité Communications 2000 et vous avez retenu, après une première sélection, trois candidatures dont celle de Robert Niroux pour le poste de directeur de la production. Vous envoyez à monsieur Boisvert une demande de renseignements.

**B)** Vous êtes directrice du service des ventes pour la maison d'édition Le Chêne. L'un de vos représentants, responsable du secteur pédagogique, vous annonce son intention de s'installer dans une autre ville et vous demande une lettre de référence. Votre appréciation est en général favorable. Une restriction toutefois: l'intéressé travaille mieux seul qu'en équipe.

La lettre de démission est un document dans lequel un employé annonce à son employeur sa décision de quitter l'emploi qu'il occupe.

Certaines entreprises exigent une lettre de démission de l'employé avant son départ. Le délai de l'avis varie selon le poste occupé ou le protocole de l'entreprise. Cette lettre, versée au dossier de l'employé, sera concise, polie et courtoise — quel que soit le motif de la démission.

## PLAN DE RÉDACTION

| | |
|---|---|
| Introduction | Annoncer le départ et en préciser le motif; |
| Développement | Remercier pour la confiance accordée; |
| Conclusion | Regret de quitter l'entreprise. |
| Salutation | |

## FORMULES

*Une agence de publicité me propose...*

*Je désire quitter le poste que j'occupe actuellement, car...*

*Je viens d'accepter une offre intéressante dans une autre entreprise...*

*Je tiens à vous dire combien j'ai aimé travailler sous votre direction...*

*Je vous suis très reconnaissant de la confiance que vous m'avez toujours témoignée...*

*C'est avec regret que je quitte votre entreprise... (que je vous quitte...)*

## EXEMPLE DE LETTRE DE DÉMISSION

Montréal, le 28 février 1997

Madame la Directrice,

Une agence de publicité m'offre un contrat très intéressant qui va me permettre d'acquérir davantage d'expérience. Je me vois donc dans l'obligation de vous annoncer que je quitterai le 31 mars le poste que j'occupe dans votre entreprise.

Je tiens à vous remercier de la confiance que vous m'avez toujours manifestée et du soutien que vous m'avez apporté. J'ai beaucoup aimé travailler sous votre direction.

C'est avec regret que je vous quitte après sept ans de service.

Je vous prie d'accepter, Madame la Directrice, l'expression de ma haute considération.

Samir Bazerghi

**Monsieur Paul Lambert est recherchiste pour une entreprise de renommée internationale, FGC (Forest Groupe Conseil). À la suite de la mutation de sa femme à Bruxelles, il décide de donner sa démission. Rédigez la lettre qu'il enverra à son employeur.**

## EXERCICE 6    La lettre de remerciements

Un service rendu, une lettre de recommandation, un cadeau reçu, un témoignage de sympathie sont autant d'attentions qui demandent que l'on remercie la personne qui nous les a prodiguées. Cette lettre, brève et courtoise, doit être expédiée le plus rapidement possible. Omettre de la rédiger dénote un manque de civilité.

### PLAN DE RÉDACTION

| | | |
|---|---|---|
| Introduction | Rappeler le service rendu; Remercier; | |
| Développement | Exprimer sa reconnaissance; | |
| Conclusion | Réitérer ses remerciements. | |
| Salutation | | |

### FORMULES

*Vous avez accepté de soutenir ma candidature...*
*Je vous remercie sincèrement de...*
*Je désire vous remercier de...*

*Je tiens à vous exprimer toute ma reconnaissance...*

*Avec tous mes remerciements...*

### EXEMPLE DE LETTRE DE REMERCIEMENTS

Montréal, le 20 avril 1997

Monsieur,

Je vous remercie très sincèrement du soutien que vous avez apporté à ma candidature. Je suis heureuse de vous annoncer que le poste désiré m'a bien été confié.

Votre recommandation m'a beaucoup aidée et je tiens à vous exprimer ma très vive gratitude.

Avec toute ma reconnaissance, je vous prie de croire, Monsieur, à l'expression de mes sentiments dévoués.

Ruth Marlowe

Mademoiselle Aline Latour vient d'être engagée comme psychologue dans une grande entreprise. Une recommandation très flatteuse de la directrice du Centre de formation professionnelle, madame L. Stevens, dont elle dépendait à la Commission scolaire Sainte-Croix, a joué un rôle important au moment de la sélection finale des candidats. Elle décide d'écrire un mot de remerciements. Rédigez la lettre qu'elle enverra à madame L. Stevens.

## EXERCICE 7     La demande de congé non payé

Pour certaines raisons (maternité, retour aux études, voyages, projet de formation), un employé peut désirer ou être amené à quitter *temporairement* son poste pour une période déterminée. Il doit en avertir son employeur. Celui-ci pourra accepter ou refuser d'accorder ce congé.

### PLAN DE RÉDACTION

| | |
|---|---|
| Introduction | Demander le congé;<br>Rappeler l'article de la convention; |
| Développement | Préciser la raison; |
| Conclusion | Exprimer l'espoir d'une réponse affirmative. |
| Salutation | |

### FORMULES

*Je désirerais bénéficier d'un congé non payé, selon l'article...*

*Conformément à l'article 4.03 de la présente convention collective,...*

*Ce congé, d'une année, commencera le 1er février et me permettra de...*

*J'espère que vous prendrez ma demande en considération...*

*Je souhaite que vous étudiiez avec soin ma demande...*

## EXEMPLE DE LETTRE DE DEMANDE DE CONGÉ NON PAYÉ

Montréal, le 20 mai 1998

Monsieur,

J'aimerais pouvoir bénéficier d'une année de congé non payé conformément à l'article 5-304 de la convention collective actuelle. Ce congé, qui commencera le 1er juin 1998, me permettra d'approfondir mes connaissances en marketing.

Je souhaite que vous preniez ma demande en considération et, dans l'espoir d'une réponse affirmative, je vous prie d'accepter, Monsieur, mes sincères remerciements.

Carole Chatel

**A)** Madame Bernadette Lajoie travaille depuis huit ans à la Banque régionale de développement comme conseillère en planification financière. Elle veut prendre un congé non payé de six mois au cours duquel elle compte suivre un cours spécialisé de 12 semaines à l'étranger. Rédigez la lettre qu'elle enverra au directeur du personnel de la banque.

**B)** La demande de congé non payé de madame Bernadette Lajoie est acceptée. Rédigez la lettre que le directeur du personnel lui enverra.

**C)** La demande de congé non payé de madame Bernadette Lajoie est refusée. Rédigez la lettre que le directeur du personnel lui enverra.

---

## EXERCICE 8　La lettre d'invitation

Un congrès, un séminaire, une manifestation quelle qu'elle soit connaîtra d'autant plus de succès que son organisation aura été préparée avec le plus grand soin. L'une des premières étapes de cette préparation est l'envoi d'une lettre d'invitation (ou d'information, selon le cas). Ces lettres sont généralement brèves et très courtoises, et doivent contenir toutes les informations nécessaires pour que le destinataire puisse prendre une décision éclairée et répondre rapidement.

### PLAN DE RÉDACTION

| | | |
|---|---|---|
| Introduction | Formuler l'invitation; | |
| Développement | Préciser le lieu, la date et l'heure; | |
| | Décrire les activités et préciser leur but; | |
| Conclusion | Exprimer l'espoir de la participation. | |
| Salutation | | |

### FORMULES

*Vous êtes cordialement invité à participer à...*
*L'association... organise un souper, un congrès, un séminaire...*

*Cette rencontre aura lieu le 20 janvier à 19 h à l'Hôtel Sheraton...*
*Vous trouverez ci-joint un programme...*

*Si, comme nous l'espérons, vous acceptez notre invitation, nous vous saurions gré de confirmer votre participation (présence)...*

---

# EXEMPLE DE LETTRE D'INVITATION

Mademoiselle,

Vous êtes cordialement invitée à participer à nos journées d'études sur les perspectives d'avenir de l'éditique qui se tiendront le 9 et 10 juin à l'auberge Mont-Clair de Laval.

Nous organisons ces deux journées d'études afin de vous donner l'occasion de vous entretenir avec des spécialistes qualifiés susceptibles de vous informer sur les dernières tendances dans ce domaine. Vous trouverez ci-joint un programme provisoire qui vous donnera un aperçu des différents sujets qui seront traités.

Si, comme nous l'espérons, vous acceptez notre invitation, nous vous serions reconnaissants de bien vouloir remplir la carte-réponse ci-incluse et de nous la faire parvenir avant le 23 mars.

Nous vous prions de recevoir, Mademoiselle, nos respectueuses salutations.

Yves Dubreuil

A)  Fourrures Prestige inc., fabricant et détaillant de fourrures de qualité, vient d'ouvrir un nouveau salon pour le prêt-à-porter. Pour marquer l'événement, cette société décide d'organiser un défilé de mode et d'inviter des grossistes et des détaillants, ainsi que des personnalités de marque. Vous êtes chargé de rédiger la lettre d'invitation.

B)  L'Association nationale des conseillers en administration tiendra son colloque annuel dans six mois. Le conseil exécutif de l'association a retenu le nom de madame H. McGregor, directrice du Centre national de productivité, comme principale conférencière. En tant que secrétaire général de l'association, vous êtes chargé de rédiger la lettre d'invitation.

C)  Rédigez la réponse de madame H. McGregor au président de l'Association nationale des conseillers en administration. La directrice du Centre national de productivité décline l'invitation, car elle sera en voyage d'affaires la semaine du colloque.

# Leçon 6

Dans la majeure partie des cas, la convocation est une invitation à une assemblée, ou encore à une réunion, qui est envoyée aux actionnaires d'une entreprise ou aux membres d'une organisation. Que cette convocation se présente sous forme de lettre ou d'avis, on doit y retrouver les renseignements suivants: la date, l'heure et le lieu de la rencontre; le genre de réunion (réunion extraordinaire, assemblée annuelle, etc.); l'objet ou l'ordre du jour.

## EXEMPLE DE CONVOCATION

## AQPFC
**L'ASSOCIATION QUÉBÉCOISE
DES PROMOTEURS DU FRANÇAIS COMMERCIAL**

Le 25 janvier 1998

Aux membres de l'Association québécoise
des promoteurs du français commercial (AQPFC)

**Objet : Convocation à l'assemblée générale annuelle**

Cher/ère collègue,

L'assemblée générale annuelle des membres de l'Association québécoise des promoteurs du français commercial (AQPFC) se tiendra aux lieu, date et heure suivants :

| | |
|---|---|
| Date : | Le vendredi 25 mars 1998 |
| Lieu : | Le Château Brillant |
| | 3, Place des Français |
| | Montréal |
| Heure : | 16h45 |

En vertu des dispositions de notre constitution, seuls les membres en règle de l'association ont droit de vote.

Je vous prie d'agréer, cher/ère collègue, mes cordiales salutations.

La présidente

Georgette Brin d'Humour

CASE POSTALE 327, SUCCURSALE "A", MONTRÉAL (QC) H3Z 2Y9

En tant que secrétaire de l'Association nationale des publicitaires, vous êtes chargé de convoquer les membres du conseil d'administration à une réunion extraordinaire. L'association doit réagir publiquement au dernier budget du gouvernement qui impose plus lourdement les agences de publicité. Rédigez la lettre de convocation.

## EXERCICE 2    L'ordre du jour

L'ordre du jour présente les différents sujets qui seront abordés au cours d'une assemblée ou d'une réunion. Il s'agit d'une énumération, et on respectera l'ordre dans lequel les points seront traités. Il faut éviter tout détail ou ajout inutiles.

L'ordre du jour comprend généralement les points suivants:

- Ouverture de la séance et nomination d'un président d'assemblée et d'un secrétaire, si ce n'est déjà fait;

- Adoption de l'ordre du jour;

- Adoption du procès-verbal de la réunion précédente;

- Énumération des questions à discuter;

- Varia (ou questions diverses);

- Clôture de la séance  (ou levée de l'assemblée).

## EXEMPLE D'ORDRE DU JOUR

UNIVERSITÉ FRANÇAISE
Département d'études russes

*Réunion pédagogique*
Le 12 janvier 1999

ORDRE DU JOUR

1. Ouverture de la réunion et élection d'un président d'assemblée et d'un secrétaire;
2. Adoption de l'ordre du jour;
3. Adoption du procès-verbal de la réunion du 14 décembre 1998;
4. Problèmes causés par les derniers tests de classement;
5. Nouveau matériel pédagogique pour les niveaux 1 et 2;
6. Varia;
7. Clôture de la réunion.

Le comité d'entreprise de la société Montréal Plastique inc. tiendra sa réunion mensuelle le 3 novembre. Il y sera question des nouvelles mesures de sécurité réclamées par les employés, du projet de rénovation des vestiaires et de la cantine et, finalement, de l'organisation de la fête de Noël. En tant que secrétaire, rédigez l'ordre du jour qui sera remis à tous les membres du comité.

## EXERCICE 3    Le procès-verbal

Rédiger un procès-verbal consiste à consigner les délibérations d'une assemblée ou d'une réunion et à les rapporter le plus fidèlement possible dans un document qui sera remis à tous les participants. Le secrétaire de séance est responsable de la prise de notes et de la rédaction finale du procès-verbal.

Ce travail requiert un esprit de synthèse, car il faut résumer, en des notes claires et précises, l'essentiel des débats. Quant aux propositions et aux décisions prises par l'assemblée, elles doivent être soigneusement transcrites.

Le procès-verbal est un document officiel; on comprend donc l'importance d'indiquer le nom des proposeurs et de ceux qui les appuient, ainsi que les résultats d'un vote (pour, contre, abstention).

Le souci d'exactitude et d'objectivité du secrétaire de séance doit être constant; c'est d'ailleurs la raison pour laquelle il ne participe pas aux débats. Il ne devra donc en aucun cas exprimer son opinion personnelle au cours de la prise de notes ou de la rédaction, et il veillera à ce que son ton reste neutre.

Un procès-verbal comprend, dans sa première partie, les informations suivantes:

- la date, l'heure et le lieu de la réunion;

- la liste des personnes présentes et des personnes absentes;

- le nom du président et du secrétaire de séance.

Le résumé des débats commence par l'adoption de l'ordre du jour, suivie de l'adoption du procès-verbal de la réunion précédente.

# EXEMPLE DE PROCÈS-VERBAL

**Procès-verbal de la réunion du conseil d'administration
du Centre de formation professionnelle**

Date de la réunion: le 8 janvier 1997
Heure: 16 h
Lieu: 871, rue Malgache, à Montréal

Personnes présentes: Roch Arel, Lise Dupras, Fred Lacas, Hubert Lajeunesse, Jocelyne Lamonde, François Sarteau, John Williams

Absence motivée: Andrée Lanctôt

Personnes absentes: Antoine Biron, Sophie Guyot

I. Ouverture de la séance

La séance débute sous la présidence de Fred Lacas; François Sarteau fait fonction de secrétaire.

II. Adoption de l'ordre du jour

Après lecture donnée par le président, l'ordre du jour est adopté à l'unanimité.

III. Adoption du procès-verbal de la réunion du 12 décembre 1996

Le procès-verbal de la réunion du 12 décembre est lu par le secrétaire de séance; Lise Dupras propose que le terme «immédiatement», p. 2, point IV, soit remplacé par «dès que possible» et que la proposition se lise ainsi: «que le Centre embauche dès que possible un graphiste.»

Le procès-verbal modifié est adopté à l'unanimité.

IV. Compte rendu des négociations avec la Chambre de commerce

Roch Arel donne un compte rendu de sa rencontre du 16 décembre avec M. D. Poulenc, représentant de la Chambre de commerce:

a) la Chambre de commerce serait prête à consacrer un numéro spécial de son bulletin à la formation professionnelle et aux activités du centre;

b) la Chambre de commerce est prête à mettre sur pied un comité paritaire dont le mandat serait d'étudier un nouveau type d'intervention dans les entreprises en matière de formation professionnelle.

Roch Arel souligne l'importance de l'ouverture manifestée par la Chambre de commerce et soumet la proposition suivante:

— que le centre réalise d'abord le numéro spécial sur la formation professionnelle avant de s'engager dans le second projet [cf. IV. b]);

— que la directrice des programmes, Mme S. Larivière, qui a déjà manifesté son intérêt pour ce genre de projet, soit mandatée par le conseil d'administration pour coordonner le numéro spécial.

Discussion. La proposition de Roch Arel, appuyée par Jocelyne Lamonde, est adoptée par cinq voix contre une. Roch Arel est chargé de transmettre la décision du conseil à Mme S. Larivière.

### V. L'achat des micro-ordinateurs

Le président annonce que, conformément à la décision prise par le conseil d'administration lors de la réunion du 6 juin, huit micro-ordinateurs ont été achetés; ils seront installés dans le nouveau laboratoire au cours des prochaines semaines.

### VI. Le départ de Mlle Line Dumouchel

John Williams annonce que Mlle Line Dumouchel, responsable de projet, quittera le centre à la fin de l'année et qu'elle poursuivra sa carrière en Europe. Il propose que, en raison du travail exceptionnel de Mlle Dumouchel au cours des cinq dernières années, le centre lui offre un cadeau d'une valeur de 100 $ et organise une fête en son honneur.

La proposition, appuyée par François Sarteau, est adoptée à l'unanimité.

### VII. Varia

— Lise Dupras annonce que l'agence Design IMA devrait remettre dans 10 jours trois maquettes pour le nouveau logotype du centre; elle les soumettra au conseil à la prochaine réunion.

— La prochaine réunion est fixée au 22 janvier, à 16 h.

La séance est levée à 17 h 45.


Fred Lacas                                     François Sarteau
Président                                      Secrétaire de séance

**Le conseil d'administration de l'Association québécoise des jeunes entrepreneurs (AQJE) vient de tenir sa réunion mensuelle. Vous en êtes le secrétaire. Rédigez le procès-verbal de la réunion dont voici l'ordre du jour.**

ASSOCIATION QUÉBÉCOISE DES JEUNES ENTREPRENEURS

ORDRE DU JOUR

*Réunion mensuelle du 8 février 1997, 16 h*

1. Ouverture de la séance et nomination d'un président;
2. Adoption de l'ordre du jour;
3. Adoption du procès-verbal de la réunion du 10 janvier 1997;
4. Projet de création d'un concours et d'un prix d'excellence;
5. Bilan des journées de rencontre dans les universités;
6. Rapport du trésorier;
7. Varia.

# EXERCICE 4 Le compte rendu

Le compte rendu peut servir à résumer les débats d'une réunion; il prend alors la même forme que le procès-verbal, mais sa rédaction est toutefois plus libre, et la présentation du lieu et des personnes présentes est moins conventionnelle. Le compte rendu sert également à renseigner le lecteur sur un fait précis (un colloque, l'état des travaux, une recherche, etc.). Dans ce cas, sa présentation peut varier sensiblement selon la situation; elle s'apparente souvent au rapport.

Comme le procès-verbal, le compte rendu doit être neutre, concis et complet. L'auteur rapporte fidèlement et objectivement les faits dont il a été témoin, sans apporter de commentaires personnels et sans tirer de conclusion.

# EXEMPLE DE COMPTE RENDU

Conférence de Madame Josée Montreuil

## Les gestionnaires à l'aube du XXI$^e$ siècle

Cette conférence, qui s'adressait aux étudiants du programme de Gestion en politique économique de l'Université McGill, a été donnée le 11 mars 1997 au sixième étage de l'immeuble Bronfman.

Madame Josée Montreuil est professeure à l'école nationale d'administration publique et vient de publier un ouvrage intitulé *Les trois gestionnaires.*

Pendant les deux heures et demie qu'a duré sa conférence, madame Montreuil a décrit et évalué trois types de gestionnaires: le technicien, l'artisan et l'artiste.

Les recherches qu'elle a menées dans le monde des affaires ont permis à Josée Montreuil de définir le gestionnaire-technicien comme un personnage ayant une confiance inébranlable dans les techniques de gestion et se distinguant par son efficacité, sa précision, son perfectionnisme, son intransigeance et son sens analytique. Quant à l'artisan, elle le décrit plutôt comme une personne à l'esprit vif et pénétrant, qui a un sens aigu des responsabilités et qui, de ce fait, inspire confiance; l'artiste, pour sa part, est présenté comme le type de gestionnaire qui sait faire preuve d'intuition, d'audace, d'extravagance, d'un bon sens de l'humour et qui, pour cette raison, parvient aisément à stimuler son entourage.

Selon madame Montreuil, la tendance actuelle à favoriser les gestionnaires-techniciens est alarmante puisque la mentalité du technocrate est de privilégier les chiffres et le court terme plutôt que le long terme. Or toute entreprise a, selon la conférencière, besoin de faire appel aux rêves et à l'imaginaire pour stimuler ses employés, et cet imaginaire doit se trouver à la tête de l'organisation. Le tableau idéal brossé par Josée Montreuil confie donc au gestionnaire-artiste le poste de PDG; toutefois, afin de ne pas perdre le contact avec la réalité, celui-ci devra être secondé par un artisan qui, de son côté, s'adjoindra un technocrate pour assurer un contrôle efficace de l'organisation.

Josée Montreuil a terminé sa conférence en précisant qu'elle ne cherchait pas à priver le gestionnaire-technicien de ses pouvoirs, mais plutôt à souligner l'importance que nos dirigeants devraient accorder à l'intuition et à la création.

Source: inspiré de Stéphane Corbeil, «Dirigeants et XIX$^e$ siècle. Au profit de l'imaginaire», *Les Carrières de l'administration*, Montréal, Ma carrière inc., «Guides universitaires», 1996, p. 94-96.

A) **Vous avez participé à un atelier sur la situation du français comme langue de communication au sein de l'entreprise. Rédigez un compte rendu de ce que vous avez vu et entendu.**

B) **Vous êtes allé à un salon ou à une foire commerciale (le Salon national de l'habitation, la Foire internationale de Montréal, le Salon de la PME, le Salon du livre de Montréal, le Salon international de l'agriculture et de l'alimentation, etc.). Faites-en un compte rendu.**

Il est souvent extrêmement difficile de faire le résumé d'une lecture, d'une discussion, d'un événement. Pourtant, c'est une chose courante dans la vie professionnelle. La pratique et certaines techniques aident considérablement à développer une habileté dans ce domaine.

**A) Lisez attentivement le texte suivant. Faites-en le résumé en 275 mots, ce qui représente environ le quart du texte. Pour les techniques de résumé, consultez le tableau 5.**

L'inforoute met en lumière cette nouvelle industrie du multimédia, dont le nom et les réalisations spectaculaires se sont infiltrés dans le vocabulaire des affaires depuis peu, et y donne accès. Que ce soit dans les magazines, à la télé ou dans les journaux, on parle de plus en plus du multimédia, de ses promesses et de ses menaces et l'arrivée de l'inforoute devrait fournir une visibilité et un accès encore plus grands. En fait, on parle souvent des deux sans vraiment les distinguer l'un de l'autre et sans toujours en comprendre toutes les implications. L'inforoute, c'est un mode de distribution du multimédia. Parce que ce mode est encore fort limité, d'autres modes de distribution sont encore privilégiés. Mais ce n'est que temporaire. Le multimédia sera la forme principale sinon unique de tout contenu qui sera véhiculé sur l'inforoute. Le multimédia et l'inforoute provoquent déjà une révolution dans l'art de communiquer, de transmettre des connaissances et d'influencer le comportement.

### Qu'est-ce que le multimédia?

On définit ce nouveau mode de communication comme une «application logicielle utilisant plusieurs médias de communication (texte, son, image, animation, vidéo...) de façon simultanée et interactive». Le mot clé, ici, c'est l'interactivité. C'est l'interactivité qui, combinée à l'intégration de plusieurs médias sur support informatique, constitue l'essence de ce nouveau mode de communication. L'interactivité signifie qu'il s'établit, entre l'usager et l'application, une communication bidirectionnelle, comme c'est le cas lorsqu'on joue à un jeu vidéo ou quand on consulte les cotes de la bourse en direct.

L'application est commune à tous les utilisateurs, mais elle donne des résultats et des réactions différentes en fonction des actions de chaque utilisateur qui, lui-même, réagit en fonction des données que le système lui envoie. De plus, ces données arrivent à l'utilisateur par plusieurs modes de communication en même temps. Le jeu fait non seulement bouger les personnages et les environnements, mais il apporte aussi un support audio. Les cotes de la bourse sont fournies non seulement en chiffres, mais aussi avec un bagage d'histogrammes et de graphiques explicatifs. Or, ces multiples modes de communication ont chacun leur pertinence et peuvent difficilement être compris isolément. On n'a qu'à penser que dans les jeux vidéo, les communications sonores, tout à fait importantes pour le joueur, sont vides de sens et provoquent rapidement l'exaspération des personnes qui les reçoivent sans les relier au jeu lui-même.

Un rapport annuel, traduit en multimédia, pourra retenir le lecteur non seulement plus longtemps, mais aura plusieurs fonctions, pendant une plus longue période de temps, puisque les informations qu'il contient pourront correspondre à plusieurs modes de communications d'affaires, qui pourront elles-mêmes posséder une plus grande période de pertinence. On améliore ainsi le transfert de connaissances, en adaptant la présentation de contenu aux styles de communication souhaitée par l'utilisateur (données, graphiques, animations, photos historiques...) et au contenu pertinent au moment de la consultation. On peut s'attendre à une explosion dans le nombre d'entreprises qui utilisent ce mode de présentation. Pour l'instant, le C.D. ROM est encore le support privilégié de ce type de rapport annuel, mais dès que l'inforoute disposera d'un peu plus de capacité, le contenu sera déjà prêt à utiliser ce mode de distribution.

### L'industrie du multimédia

L'industrie du multimédia est encore en émergence pour le milieu des affaires. Le secteur des jeux vidéo est d'une ampleur formidable, dépassant déjà le cinéma quant au volume des ventes. Mais les applications commerciales sont aussi en expansion rapide, bien qu'à partir d'une base plus petite. Le défi de l'industrie du multimédia est de combiner des approches en provenance de secteurs industriels jusqu'ici fort différents. On doit réaliser un mariage efficace et rentable entre des «artistes» du contenu, de l'audiovisuel et de la communication, et des «artistes» de la technologie informatique et des télécommunications. Ce n'est évidemment pas toujours facile.

Pourtant tous les grands joueurs des quatre secteurs industriels du multimédia se positionnent pour prendre leur place dans le virage multimédia. La structuration de cette industrie est en cours et s'établit rapidement. En fait, cette structuration devance, chose tout à fait inusitée, le développement du marché lui-même. Les investissements que l'on constate aux États-Unis et en Europe, de même que le rythme foudroyant de la création d'alliances stratégiques de toutes sortes, ne pourront qu'avoir un impact fulgurant sur le marché. Ils rendront aussi la vie fort difficile aux firmes qui ne commenceront à s'intéresser à ce marché que dans quelques années. Elles risquent fort de ne plus avoir de place, sinon qu'en tant que consommateurs ou utilisateurs.

L'inforoute rend le multimédia d'autant plus redoutable qu'il permet de rejoindre tous les consommateurs et tous les clients à partir d'une base commune d'information, mais de façon indépendante du temps et de l'espace. La personne à qui l'entreprise doit parler choisit elle-même le temps où elle est prête à recevoir la communication et peut la recevoir de l'endroit où elle se trouve à ce moment-là. La qualité du système de communication doit donc être beaucoup plus grande que lorsque l'entreprise contrôle le moment et l'environnement de communication avec son client ou son utilisateur.

D'autre part, ce qui est vrai pour une entreprise est aussi vrai pour son concurrent: il peut rejoindre votre clientèle par les mêmes moyens, au moment pertinent et au lieu qui convient à l'utilisateur. Les barrières protégeant jusqu'à un certain point les relations clients-fournisseurs doivent être renforcées, en ajoutant une composante individuelle aux procédés de communication institutionnelle. Grâce à l'approche multimédia et à l'inforoute, une entreprise peut donc présenter à ses clients sa gamme de produits de façon interactive et distribuée, ce qui peut créer un impact non négligeable.

On prévoit une croissance exponentielle du marché du multimédia dans les prochaines années, passant de revenus de 2,26 milliards en 1993 à 5,53 milliards en 1995, pour atteindre 23,5 milliards en 1997. (Market Intelligence Research Corp.)

### Le multimédia et la communauté des affaires

Sauf exception, le monde des affaires est plutôt prudent et attentif face au multimédia et à l'inforoute, peut-être à cause des dépenses engagées dans le développement de produits de qualité et par inconfort face à ce nouveau médium. Certains y voient une mode passagère (prédisant que l'Internet ira rejoindre le cimetière des technologies inutiles), d'autres sentent venir un raz-de-marée dont ils ne savent pas comment tirer avantage. Les plus actifs se lancent dans le développement de produits pour leurs communications d'affaires ou pour la formation de leur personnel, espérant

profiter de l'augmentation de productivité dont bénéficieront ces activités.

Il reste que la maîtrise de ce mode de communication nécessite des investissements pour apporter les avantages, comme toute activité commerciale. Pour le monde des affaires, la combinaison du multimédia et de l'inforoute ouvre une porte sur une augmentation de la productivité des activités de transfert de connaissances, qu'elles soient d'affaires ou commerciales ou qu'elles servent à mieux former le personnel dans un environnement de changements fréquents et profonds.

Quelles sont les frontières prévisibles de cette combinaison? Probablement aussi loin que votre imagination pourra les repousser.

Source: extrait de «L'inforoute, c'est aussi l'industrie du multimédia au service du monde des affaires», *L'économique, la revue québécoise des affaires*, janvier/février 1996, p.70-72.

---

**B) Lisez attentivement le texte suivant. Faites-en le résumé en 350 mots, ce qui représente environ le quart du texte. Pour les techniques de résumé, consultez le tableau 5.**

### La nouvelle bourgeoisie francophone

*L*a structure sociale québécoise est nettement marquée, après 1960, par l'émergence d'une nouvelle bourgeoisie francophone qui prend sa source dans la prospérité économique d'après-guerre pour s'affirmer beaucoup plus nettement au cours des années 1960 et 1970. Au début de la période, Jean-Louis Lévesque et les familles Simard et Brillant représentent les principales étoiles du ciel financier canadien-français. Mais après cette date, la constellation s'élargit. Il y a la montée fulgurante et exceptionnelle d'un Paul Desmarais qui, après avoir pris le contrôle de Power Corporation, se retrouve à la tête d'un empire industriel et financier. À un autre niveau, toutefois, de nombreux noms s'ajoutent. Il suffit de mentionner les Péladeau, Francoeur, DeSève, Pouliot ou de Gaspé-Beaubien dans les médias, Perron ou Saucier dans le bois, Hamel dans le transport, Bombardier, Lemaire ou Dutil dans l'industrie manufacturière, [...].

Parmi les conditions qui ont favorisé cette émergence, il faut rappeler en premier lieu que, même si on y trouve beaucoup de nouveaux venus, la bourgeoisie francophone n'est pas sans racines histo-

riques. À la fin de la guerre, un certain nombre d'entreprises canadiennes-françaises avaient déjà une longue histoire, en particulier les banques francophones, les caisses populaires et quelques compagnies d'assurance et sociétés de fiducie, dont l'envergure restait toutefois modeste en comparaison des grandes institutions canadiennes. [...].

Les racines historiques ne sont cependant pas suffisantes pour expliquer la montée d'une bourgeoisie francophone. Celle-ci s'appuie aussi sur les transformations qui, depuis la guerre, marquent leur marché de base au Québec: augmentation de la population, urbanisation accrue, hausse marquée du niveau d'éducation et du niveau de vie. Ainsi agrandi, le marché québécois est mieux intégré au circuit de consommation, et la bourgeoisie francophone est en mesure de profiter de cette croissance quantitative et qualitative.

On peut également faire intervenir l'évolution des idéologies et des mentalités. Avec la Révolution tranquille, un vent de modernisation souffle sur le Québec, accompagné d'un nationalisme expansionniste exprimant la volonté d'une

prise en main de l'économie par les francophones. Certains auteurs ont affirmé que jusqu'alors le contrôle du clergé sur l'éducation et le poids de l'idéologie religieuse incitaient peu les Canadiens français à s'intéresser au monde des affaires. Cet effet de freinage a certainement été exagéré. Quoi qu'il en soit, il ne joue plus après 1960 [...].

L'effet le plus visible de la modernisation s'observe dans le système d'éducation qui offre maintenant à une plus forte proportion de Québécois la possibilité de se préparer à des carrières dans le milieu des affaires. On assiste à une croissance phénoménale des facultés de génie, de commerce et d'administration, dont les diplômés se retrouvent en nombre accru dans les entreprises. [...] L'éducation n'est cependant pas une panacée. Le milieu des affaires, en effet, a toujours été et continue à être un secteur où peuvent s'affirmer des self-made-men, plus intéressés à l'action qu'aux études. L'entreprise elle-même constitue pour plusieurs un lieu important d'apprentissage et de formation.

De plus en plus l'expression «homme d'affaires» est d'ailleurs remplacée par celle de «gens d'affaires» pour marquer une autre nouveauté de la période: la montée des femmes chefs d'entreprise. Même si elles restent une minorité, leur présence s'accroît de façon substantielle et, au cours des années 1980, les médias reconnaissent le fait accompli en leur consacrant une attention accrue. [...]

L'intervention de l'État québécois est également déterminante dans la consolidation et l'expansion de la bourgeoisie francophone. Par sa politique d'achat et par ses programmes d'aide au financement, le gouvernement contribue au renforcement des entreprises appartenant aux Canadiens français. Les sociétés d'État jouent aussi un rôle à cet égard, en particulier la Caisse de dépôt et placement, qui permet de conserver ou d'accentuer le contrôle francophone au sein de certaines entreprises.

Tout un ensemble de facteurs contribue donc à l'affirmation d'une nouvelle bourgeoisie francophone. Évidemment, la bourgeoisie québécoise n'est pas que francophone: on y trouve d'importants éléments d'origine britannique, juive ou autre. La question des origines ethniques donne d'ailleurs lieu à un débat. Faut-il, comme le fait le sociologue Jorge Niosi, voir la bourgeoisie francophone comme un tout relativement intégré? Ou bien faut-il, en suivant le politologue Pierre Fournier, distinguer chez les francophones une bourgeoisie québécoise dont la base d'accumulation est principalement ou exclusivement le Québec, d'une bourgeoisie canadienne œuvrant à l'échelle du pays et même sur le plan international? Le critère ethnique n'est qu'une dimension du problème; il faut aussi tenir compte du pouvoir économique détenu et visé par chacune des composantes de la bourgeoisie. [...]

L'élite économique de 1972 est encore massivement anglophone. Bien que leur proportion augmente légèrement, de [...] au début des années 1950 à 8,4 %

en 1972, les Canadiens français sont toujours nettement sous-représentés à ce niveau; il en est de même pour les groupes d'autres origines, dont la proportion passe de 1 % à 5,4 %. Les écoles privées continuent d'être les pépinières des futurs membres de l'élite économique canadienne qui ont massivement une formation collégiale ou universitaire. Ils se distinguent toujours par leur appartenance à des clubs privés sélects, à des associations commerciales et à des œuvres philanthropiques. [...]

Même si aucune étude équivalente n'existe pour une période plus récente, on estime généralement que la décennie 1970 amène des bouleversements importants au sein de la grande bourgeoisie canadienne. Au sommet de la pyramide sociale se retrouvent encore, au début des années 1980, de grandes familles d'origine britannique — les Weston, les Thomson, les Black — mais également d'autres d'origine juive — les Reichman et les deux branches de la famille Bronfman — ainsi que celle de Paul Desmarais. En 1984, le *Globe and Mail* estime que les neuf familles les plus riches du Canada contrôlent près de la moitié de la valeur des actions qui composent l'indice de la bourse de Toronto, si l'on excepte celles des banques.

Cette décennie voit l'ascension d'un grand nombre de nouveaux super-riches, ceux que le journaliste Peter Newman nomme «*The Acquisitors*». Plusieurs d'entre eux ont des assises régionales, en particulier dans l'Ouest canadien, et se bâtissent des empires grâce au pétrole, au développement immobilier et à l'intermédiation financière. Bien que la crise de 1982 ébranle quelques-unes de ces fortunes instantanées, la bourgeoisie canadienne reste marquée par ces transformations.

C'est dans un contexte semblable que s'affirme la nouvelle bourgeoisie franco-

phone, dont la base principale reste le Québec mais qui cherche de plus en plus à étendre son emprise à l'extérieur de la province. Dans son ensemble, elle est fédéraliste et ne veut pas remettre fondamentalement en cause le système politique canadien. Mais en devenant plus canadienne et plus internationale dans ses activités, elle ne cesse pas pour autant d'être québécoise et francophone.

La bourgeoisie québécoise continue de s'appuyer sur des organismes propres, qui agissent comme les porte-parole des milieux d'affaires auprès du gouvernement et du public. Outre les chambres de commerce et les nombreuses associations sectorielles dont plusieurs sont fort anciennes, apparaît une organisation d'un type particulier, le Centre des dirigeants d'entreprises, qui au cours des années 1960 et 1970 représente l'élément le plus réformiste des milieux d'affaires et dont les préoccupations sont centrées sur le développement d'une meilleure concertation entre gouvernement, syndicat et patronat.

En 1969, toutes ces associations, à l'exception des chambres de commerce, choisissent de créer conjointement un organisme qui représentera le point de vue des entreprises et des employeurs auprès du public et du gouvernement: le Conseil du patronat. Celui-ci devient, en quelques années, le principal porte-parole des milieux d'affaires et fait régulièrement pression sur le gouvernement pour qu'il tienne compte du point de vue des employeurs dans l'élaboration de ses politiques. Le Conseil du patronat ne remplace pas les associations distinctes, qui continuent à intervenir chacune de leur côté, mais il donne plus de poids et plus de cohésion à la voix des dirigeants d'entreprises.

Source: extrait de P.-A. Linteaux, R. Durocher, J.-C. Robert et F. Ricard, *Histoire du Québec contemporain - Le Québec depuis 1930*, Montréal, Boréal, 1986, p. 513-519.

## EXERCICE 6  Le rapport

Le rapport a pour but de donner des informations sur l'état d'une activité professionnelle, d'exposer et d'analyser des faits et finalement de tirer des conclusions ou de présenter des recommandations afin que le destinataire puisse évaluer la situation et éventuellement prendre une décision.

Le rapport reflétera l'attitude professionnelle de son auteur auprès de ses pairs ou de ses supérieurs. En effet, le rapporteur est responsable des données qu'il fournit, ainsi que de l'analyse et des conclusions qu'il propose. Son intégrité, son souci d'exactitude, sa capacité d'analyse et son habileté de rédacteur seront évalués par le ou les destinataires du rapport. Il est donc essentiel que le rédacteur connaisse et applique les règles fondamentales du rapport.

- Un rapport se base sur des informations pertinentes et exactes. Pour cela, le rédacteur devra faire une recherche de la documentation relative à son sujet et sélectionner avec justesse les informations qu'il utilisera dans son rapport.

- Un rapport organise de façon cohérente et logique la présentation d'un ensemble de faits et de données, et les analyse. Pour cela, le rédacteur devra établir un plan détaillé qui lui permettra de distinguer les idées directrices des idées secondaires et de mettre en place son argumentation.

- Un rapport, dans la majorité des cas, débouche sur des conclusions ou des recommandations. Pour cela, le rédacteur devra s'interroger sur les exigences et les attentes du ou des destinataires et évaluer avec soin la portée de ses conclusions.

- Un rapport doit pouvoir être lu et compris par son destinataire en un minimum de temps tout en ayant le maximum d'impact. Pour cela, le rédacteur devra travailler la lisibilité (vocabulaire et construction) et la clarté syntaxique de son texte. Il lui faudra aussi respecter les règles de présentation propres au rapport.

Dans les exercices suivants, on vous demande de rédiger un rapport à partir de l'histoire résumée d'un cas et de la présentation sommaire du problème à résoudre. Les informations qui sont données sont bien entendu insuffisantes pour faire votre travail. Ce sera à vous d'imaginer les détails de la situation et de fournir des données plus précises.

Il est possible que votre rapport comporte certaines erreurs à cause de connaissances limitées dans le domaine. À ce sujet, rappelons que l'objectif de ces exercices est avant tout de travailler les techniques de rédaction et non d'évaluer vos connaissances dans tel ou tel domaine du commerce ou de l'économie. Pour l'élaboration du plan, consultez le tableau 7.

### A)  Amusoir ltée, fabricants de jeux éducatifs

Monsieur Parent est propriétaire d'une entreprise de fabrication de jeux éducatifs, Amusoir ltée. Les articles vedettes de l'entreprise sont deux jeux de société, *Fusion* et *Traces*. Dans *Fusion*, jeu d'associations stratégiques, le contexte est celui du monde des affaires et la clientèle visée est celle des jeunes entrepreneurs (de 20 ans à 40 ans). Quant à *Traces*, il s'agit d'un jeu qui fait appel à la mémoire et qui s'adresse à toutes les catégories d'âge à partir de 12 ans.

Après deux ans de constante augmentation, les ventes ralentissent sensiblement. Monsieur Parent est convaincu que les produits mêmes ne sont pas en cause et qu'ils devraient connaître un cycle de vie beaucoup plus long. Il décide donc de faire appel à un consultant externe afin de revoir la commercialisation des deux produits. Après une première rencontre avec Monsieur Parent, le consultant dresse une liste de questions qu'il juge nécessaire de se poser. Il lui faudra cerner, parmi les

réponses à ces questions, les facteurs importants qui contribuent au ralentissement des ventes. Le rapport qu'il remettra à Monsieur Parent devra analyser ces facteurs et proposer des solutions.

**Le produit et sa présentation**

Doit-on améliorer la présentation et le format du produit? Le livret qui accompagne chaque jeu est-il bien conçu? L'emballage est-il attrayant? Protège-t-il bien le produit? Existe-t-il un autre type d'emballage plus économique mais tout aussi efficace?

**Le prix du produit**

Le prix du produit est-il trop bas pour permettre de réaliser un profit raisonnable? Est-il compétitif avec ceux de la concurrence pour ce type de produit? Est-ce que le prix est la principale motivation de la clientèle?

### La promotion du produit

Le produit est-il bien présenté à l'étalage? Faut-il prévoir une promotion dans les points de vente (présentoirs, dépliants, accessoires publicitaires, etc.)? Utilise-t-on les meilleurs supports publicitaires? Les réclames sont-elles efficaces? A-t-on besoin d'une aide professionnelle pour la conception publicitaire?

### L'effort de vente

Les représentants donnent-ils leur plein rendement? Les présentations du produit peuvent-elles être améliorées? Les territoires de vente sont-ils régulièrement couverts? En existe-t-il qui ont été négligés? Faut-il songer à des programmes incitateurs de vente (concours, etc.)?

### Le service

Les délais de livraison sont-ils trop longs? Les plaintes sont-elles nombreuses? Comment les traite-t-on? Faut-il offrir d'autres services aux détaillants?

**Rédigez le rapport que le consultant remettra à Monsieur Parent.**

## B) L'entreprise et son environnement

Une société X désire installer une usine dans une ville A. Cependant, une ville voisine B, ayant eu vent de cette intention, envoie son commissaire industriel avec le mandat (accordé par le conseil de ville à huis clos) de faire une proposition précise à l'usine X: on lui offre un terrain vacant de dimension respectable, une main-d'œuvre à proximité et on lui accorde également certains privilèges administratifs et financiers.

Le conseil municipal de la ville A est étonné de cette démarche de la ville B auprès de la société, à un point tel que les journaux de la localité publient les réactions des différents organismes publics.

Le conseil d'administration de la société X, se référant à ses priorités originales, hésite à s'installer dans la ville A depuis l'approche de la ville B, et ce, malgré le fait que la société fera affaire surtout avec l'entreprise Z installée dans la ville A. Cette entreprise lui fournira la matière première nécessaire à la fabrication des boîtes de carton. Son projet d'investissement est basé en grande partie sur les possibilités que la région lui offre en tant que premier marché.

La ville B présente des avantages qui, à première vue, semblent intéressants: une main-d'œuvre bon marché, un taux préférentiel pour la location du terrain, un service de voirie de premier ordre, des taxes minimes, du terrain en réserve en cas d'agrandissement, un service d'aqueduc adéquat, etc.

La ville A constate certains faits: l'hésitation de la société X à la suite de la démarche de la ville B, les polémiques dans les journaux, les perspectives de l'investissement, l'inertie du conseil municipal versus le dynamisme de son voisin, etc.

L'impact de cet investissement est connu: création de 200 emplois, construction de deux millions de dollars, roulement financier de six millions de dollars et apport d'activités commerciales.

### Autres informations

— La ville B ne possède aucune usine, seulement des services.
— La ville A a une vocation industrielle grâce au dynamisme de certains entrepreneurs.
— La société X est une entreprise provinciale possédant six usines de production.
— Dans les deux villes, la mobilité de la main-d'œuvre est peu élevée, la structure sociale est axée sur la famille.
— La société Z, déjà installée dans la ville A, emploie 300 personnes à temps plein et représente un investissement de 20 millions de dollars.
— La distance entre les deux villes n'est pas importante, et l'accès routier est très efficace.

Source: adapté de P.-D. Gagnon, G. Savard, C. Decoste, M. Gravel et R. Parent, *L'entreprise: son milieu, sa structure et ses fonctions*, Chicoutimi, Gaëtan Morin éditeurs, 1986, p. 25.

**B.1** **Devant cette situation, le conseil d'administration de la ville A demande à son commissaire de rédiger un court rapport qui résume la situation et qui présente des recommandations sur ce qu'il conviendrait de faire. Les propositions seront débattues par le conseil municipal. Rédigez le rapport que vous remettrez au maire.**

**B.2** Devant cette situation, le conseil d'administration de la société X demande au vice-directeur de rédiger un court rapport qui résume la situation et qui présente des recommandations précises sur ce qu'il conviendrait de faire à cette étape des négociations. Les propositions seront débattues par le conseil d'administration. Rédigez le rapport que vous remettrez au président du conseil d'administration.

## C) Agence Images Quatro

Vous êtes candidat à un poste de responsabilité au sein du service d'une agence de publicité fort renommée. Vous manquez d'expérience, mais vous n'êtes pas sans intéresser les dirigeants de l'agence qui ont su remarquer vos compétences analytiques réelles en ce qui concerne l'analyse du comportement et votre très grande adaptabilité au travail. Vous présentez néanmoins un risque. Aussi ont-ils décidé de vous mettre à rude épreuve, question de se fixer sur ce que vous savez faire.

Ils vous demandent alors de leur présenter une campagne de publicité hypothétique pour un produit peu intéressant pour le consommateur et peu différencié par rapport aux marques concurrentes (essuie-tout, mouchoirs de papier, vinaigrette ou autre).

Conscients que vous n'avez ni le temps ni les ressources de procéder à une étude de marché, ils vous laissent imaginer les perceptions, les croyances et les attitudes des consommateurs reliées à ce produit. Ce qui importe le plus à leurs yeux, c'est la logique de votre approche.

Bien que le défi soit de taille, vous avez décidé de le relever en préparant un premier rapport qui servira de guide à votre présentation.

Source: extrait de Christian Dussart, *Comportement du consommateur et stratégie de marketing*, Montréal, McGraw-Hill, 1983, p. 474 et 475.

**Rédigez le rapport que vous remettrez aux dirigeants de l'agence au cours de votre présentation.**

# Troisième partie

# Grammaire, anglicismes, vocabulaire, stylistique

# Leçon 7

## Grammaire

## EXERCICE 1    L'accord de l'adjectif

**A)** **Dans les phrases suivantes, accordez les adjectifs. Attention aux adjectifs employés adverbialement.** (*Consultez le tableau 15.*)

1. Les transformations de l'atelier ont coûté très cher _____.

2. Les lois canadien _____ et québécois _____ sur les compagnies diffèrent peu.

3. Nous avons plus de trois mille _____ points de vente à travers le monde.

4. Le client nous a adressé un devis des réparations nécessaire _____ à la suite du sinistre.

5. Dans ses papiers, j'ai retrouvé des notes et un court rapport écrit _____ à l'occasion du congrès de l'an passé.

6. Votre évaluation est faux _____, nous en sommes sûr _____.

7. Elle a passé trois journées et demi _____ à étudier ce dossier.

8. Les premier _____ et troisième _____ points à l'ordre du jour sont reportés.

9. Nous attendons encore la livraison d'une boîte de pièces neuf _____.

10. Le commis a retrouvé la commande et la circulaire commercial _____.

11. Il faudra changer les étiquettes jaune _____ clair _____.

12. Les industries minier _____ et pétrolier _____ connaissent une forte croissance.

**B)** **Dans les phrases suivantes, accordez les adjectifs.** (*Consultez le tableau 15.*)

1. Nous avons d'autres modèles d'appareils susceptible _____ de vous intéresser.

2. Les fiches orange _____ doivent être classées avant demain.

3. Les langues français _____ et anglais _____ sont employées.

4. Un groupe d'employées mécontent _____ a manifesté devant le bureau.

5. Le rapport et les informations contenu _____ dans ce dossier sont confidentiel _____.

6. Nous disposons en ce moment d'un stock considérable de marchandises non périssable _____ et peu encombrant _____.

7. Soyez assuré que je vous ferai parvenir ces documents dans les meilleur _____ délais possible _____.

8. Le porte-parole a fait un commentaire des plus embarrassant _____ pour la société.

9. Pour payer le moins d'impôts possible _____, il faut utiliser tous les abris fiscaux et toutes les déductions permis _____ par la loi.

## EXERCICE 2    L'accord du verbe avec son sujet

**Il arrive que l'accord du verbe avec son sujet présente des difficultés. Dans l'exercice suivant, trouvez le ou les sujets et mettez les infinitifs à la forme appropriée. (*Consultez le tableau 9.*)**

1.  Ni le chef du service ni moi ne _____ (être préparé, présent) à diriger ce groupe

    qu' _____ (mettre sur pied, passé composé) nos prédécesseurs.

2.  D'après la convention collective, c'est moi qui _____ (être habilité, présent) à prendre

    ce genre de décision et non pas vos représentants ou vous qui _____ (ne pas pouvoir, présent) en assumer la responsabilité.

3.  La cogestion et les conséquences qui en _____ (découler, présent)

    _____ (pouvoir, présent) créer de nouveaux problèmes pour la PME.

4.  Mme Robic et moi _____ (être désigné, passé composé) hier pour rédiger le compte

    rendu que vous _____ (envoyer, futur) les membres du comité.

5.  L'une et l'autre présentation m' _____ (sembler, passé composé) convenir pour le type

    de brochure que nous voulons faire. Ce _____ (être, futur) les publicitaires qui

    _____ (décider, futur).

## EXERCICE 3    Les verbes: difficultés de conjugaison

**Dans les phrases suivantes, mettez le verbe entre parenthèses au mode et au temps indiqués.**

1.  Le client s'est impatienté, et j'(espérer, ind. prés.) _____ que notre retard (ne pas mener, ind. fut.) _____ à la résiliation du contrat que nous avons réussi à lui faire signer le mois dernier.

2.  Je (se battre, ind. prés.) _____ contre un concurrent déloyal.

3.  Vous (craindre, ind. imp.) _____ un vote en faveur de la grève.

4.  Il faudrait que vous (expédier, subj. prés.) _____ les nouveaux modèles à tous les

    franchisés et que vous les (convier, subj. prés.) _____ à la réunion du 12 janvier prochain.

5.  Les investisseurs (acquérir, ind. prés.) _____ 10 % des actions avec droit de vote.

6.  J'aimerais que tout le monde (s'asseoir, subj. prés.) _____ pour que la réunion puisse commencer.

7.  Je vous (rappeler, ind. prés.) _____ les points à l'ordre du jour de notre prochaine réunion.

8.  La nouvelle de sa nomination (se répandre, ind. passé simple) _____ très vite.

9.  Auparavant, nous (soustraire, ind. imp.) _____ les dépenses de publicité de ce poste budgétaire.

10. Le conseil d'administration (projeter, ind. prés.) _____ d'ouvrir des nouveaux bureaux de vente et même de fabriquer des produits dans d'autres pays.

11. Il faut que nous (conclure, subj. prés.) _____ cette séance sur une bonne nouvelle.

12. Les ventes (croître, ind. prés.) _____ à un rythme supérieur à nos prévisions.

13. Je (joindre, ind. prés.) _____ donc à cette lettre tous les documents pertinents.

14. Pour que vous (recueillir, subj. prés.) _____ tous les fonds nécessaires, il vous faut une structure administrative.

15. Il est important qu'en agissant ainsi nous ne (nuire, subj. prés.) _____ pas à d'autres services.

16. Cela (requérir, ind. fut.) _____ une forte expérience de la part de la candidate.

## Anglicismes

## EXERCICE 4    Les anglicismes sémantiques

**Dans les textes suivants, corrigez les mots en italique.**

1. Les publicitaires de «Mégapub» proposent des *avertissements* qui mettent l'*emphase* sur l'accessibilité aux nouvelles technologies. Toute la *littérature* publicitaire devrait être conçue en fonction de ce thème. Le public doit nous percevoir comme une société *aggressive* mais sérieuse, sachant maintenir à un niveau acceptable ses *coûts d'opération*.

   _____

   _____

   _____

2. Plusieurs femmes, qui sont depuis un an *éligibles* à notre concours, *ont pris avantage* de ce droit pour s'inscrire et postuler. Il est fort probable qu'au moins une candidate sera retenue. Le personnel *régulier* de l'atelier devra s'adapter à cette nouvelle réalité. Peut-être faudra-t-il envisager un ou deux *transferts* à l'usine de Québec.

   _____

   _____

   _____

## EXERCICE 5    Le terme «cédule»

Depuis le siècle dernier, ce vieux mot français n'est plus employé sauf dans l'expression «cédule hypothé-caire». C'est donc commettre un anglicisme que de l'utiliser en français dans les mêmes sens que son frère anglais *schedule*.

**Dans les phrases suivantes, trouvez une expression qui remplacera l'anglicisme «cédule».**

1. Le chef de chantier soutient que les travaux de construction s'effectuent suivant (la cédule) _____.

2. Demandez à ma secrétaire de consulter (la cédule) _____ des trains.

3. Je vous serais reconnaissant de me faire parvenir (la cédule) _____ des prix.

4. (La cédule) _____ des événements que nous organisons au cours de cette foire sera imprimé(e) par Caractère inc.

## Vocabulaire

## EXERCICE 6    Le terme «affaires» et le terme «social»

**A) Trouvez les expressions reliées au terme «affaires» qui correspondent aux définitions ci-dessous.**

une banque d'affaires / les affaires courantes / un chargé d'affaires / une affaire litigieuse / une affaire en délibéré / une affaire pendante /

1. Un agent diplomatique, représentant accrédité d'un État. _____

2. Les affaires qui ont cours au moment où l'on parle, dans le présent. _____

3. Une affaire qui n'a pas reçu de solution. _____

4. Une banque spécialisée dans le placement des titres ou valeurs, dans les opérations de spéculation et dans les participations financières. _____

5. Une affaire contestée, qui peut donner matière à procès. _____

6. Une affaire sur laquelle on délibère avant le prononcé du jugement. En matière commerciale, le délibéré consiste à exposer sa position devant un juge. _____

**B) Trouvez les expressions reliées au terme «social» qui correspondent aux définitions ci-dessous.**

le siège social / le symbole social / la raison sociale / les avantages sociaux / les charges sociales /

1. Nom sous lequel une firme exerce son commerce. _____

2. Lieu où se trouve concentrée la vie juridique et administrative d'une société. _____

3. Ensemble des cotisations prises en charge par l'employeur pour constituer le statut social des travailleurs. _____

4. Signe apposé sur les objets d'une même fabrication pour les distinguer des autres. _____

5. Ensemble des éléments qui s'ajoutent au contrat de travail pour constituer le statut social des travailleurs. _____

## EXERCICE 7 La précision du vocabulaire

**Complétez les phrases suivantes à l'aide des mots qui vous sont proposés. Attention, il peut parfois y avoir plus d'une réponse.**

livraison / brochure / dépliant / livret / numéro / carnet / encart / fascicule / bulletin / pamphlet / recueil / catalogue / cahier / prospectus /

1. L'entreprise exige que tous les mineurs aient un _____ de santé.

2. Vous trouverez dans notre _____ un remarquable choix de meubles de bureau.

3. Dans le dernier _____ du journal *Profits*, j'ai remarqué le programme des activités du mois de la PME.

4. Le _____ n° 14 de l'Office de la langue française est au secrétariat.

5. La Chambre de commerce publie chaque mois un _____ de liaison.

6. Nous avons demandé à un spécialiste de rédiger le _____ de l'exposition.

7. Votre annonce paraîtra dans la _____ du mois de décembre de la revue *Commerce*.

8. Ce _____ contient ses meilleures chroniques sur l'économie.

9. Nous n'avons plus de _____ touristiques sur la région.

10. Le service de publicité a décidé de mettre un _____ dans les journaux.

11. Le ministère a publié une _____ pour aider les personnes en quête d'emploi.

12. De nos jours, les journaux hésitent à publier des _____ contre le gouvernement.

13. Ce guide se présente sous forme de 10 _____ traitant chacun d'un aspect de la rédaction administrative.

14. Sur les _____ que l'hôtel a envoyés aux États-Unis, nous avons pris soin d'indiquer nos prix en dollars américains.

## EXERCICE 8 Enrichissement lexical: les adjectifs

**A) Vérifiez dans le dictionnaire le sens des adjectifs suivants. Ensuite, remplacez dans chaque phrase la proposition relative en italique par l'adjectif approprié.**

caduc / dégressif / périmé / obséquieux / prolixe / équivoque / dépourvu / rétroactif / imminent / ambigu / délictueux / mercantile / limitatif / rétrograde / modique / draconien / subsidiaire /

1. Nos tarifs, *qui vont en diminuant*, sont les plus compétitifs sur le marché. _____

2. J'ai ajouté dans ce bail deux clauses *qui fixent les limites du propriétaire*. _____

3. Pour la profession, il a commis certains actes *qui ont un caractère illégal*. _____

4. Les permis *dont le délai de validité est expiré* seront renouvelés. _____

5.  Ces réformes *qui vont se produire*
    *dans très peu de temps* ouvriront des marchés.  _____

**B)  Vérifiez dans le dictionnaire le sens des adjectifs suivants. Ensuite, remplacez dans chaque phrase la proposition relative en italique par l'adjectif approprié.**

subséquent / caduc / cumulatif / obséquieux / prolixe / prospectif / équivoque / dépourvu / rétroactif / ambigu / compensateur / mercantile / inopportun / rétrograde / modique / afférent / coercitif /

1.  Ce retard *qui survient au mauvais
    moment* l'oblige à revoir son échéancier.  _____

2.  Tous ces facteurs *qui s'ajoutent les
    uns aux autres* expliquent leur succès.  _____

3.  Une étude *qui concerne l'avenir* a
    été entreprise par des économistes réputés.  _____

4.  Les documents *qui se rapportent*
    à ce dossier sont en ma possession.  _____

5.  Quant à la phase *qui vient après*,
    nous n'y avons pas encore pensé.  _____

6.  Les gens d'affaires rejettent cette
    approche *qui exerce des contraintes*.  _____

7.  Nous vous verserons des indemnités
    *qui équilibreront vos pertes*.  _____

## Stylistique

## EXERCICE 9    La substitution du verbe «être»

**La pauvreté stylistique du texte suivant provient de l'emploi abusif du verbe «être». Modifiez le texte en remplaçant, quand c'est possible, le verbe «être» par un verbe ou une expression de sens plus riche.**

### Le marketing

Le marketing *est* (1) plus qu'une activité commerciale. Son influence *est* (2) très vaste et son rôle *est* (3) extrêmement important dans notre système socio-économique actuel. C'*est* (4) l'élément clé dont dépendent la survie et l'essor de toute entreprise.

De part sa nature, le marketing *est* (5) une sorte de médiateur entre le producteur et le consommateur. Sa fonction primordiale *est* (6) donc l'accomplissement d'une multitude de tâches variées, complexes et structurées. C'est pourquoi la coordination des efforts dans ce domaine *est* (7) essentielle. Certaines personnes disent que le marketing n'*est* (8) pas productif et qu'il coûte trop cher. Pourtant, il *est* (9) utile pour le consommateur, car il lui apporte des informations sur les produits et sur les marques. Finalement, le marketing *est* (10) bon pour la recherche et l'innovation de produits, car il stimule la demande. Son effet sur le niveau de vie *est* (11) considérable. La fonction du marketing *est* (12) ainsi un élément vital pour la croissance et le développement économiques.

**Le marketing**

## EXERCICE 10    La suppression du sujet indéfini ou impersonnel

**Modifiez les phrases suivantes en faisant du mot mis entre parenthèses le sujet.**

**Ex.:**  Pour cet investisseur, il faut accorder sa confiance au sérieux des gestionnaires.
    *Cet investisseur se fie au sérieux des gestionnaires.*

1.  D'après le service, il y a eu une baisse sensible des ventes depuis deux mois. (Le service...)

    _____

2.  Avec ces employés, il est important de donner une formation complète. (Ces employés...)

    _____

3.  Dans cette mallette, on a les outils nécessaires à la réparation de l'appareil. (Cette mallette...)

    _____

4.  Conformément au règlement municipal, on peut fermer cette sortie de secours. (Le règlement municipal...)

    _____

5.  Selon la Chambre de commerce, il est regrettable qu'il y ait tant de laisser-aller dans ce dossier. (La Chambre de commerce...)

    _____

6.  En suivant ces ateliers, on arrive à être plus autonome. (Ces ateliers...)

    _____

7.  D'après nos calculs, il devient clair que les coûts de production augmentent. (Nos calculs...)

    _____

8.  Devant la concurrence des Européens, il faut que la société investisse beaucoup plus dans la recherche. (La concurrence...)

    _____

9.  Grâce à ces programmes, il vaut la peine d'investir dans les régions. (Ces programmes...)

    _____

# Leçon 8

## Grammaire

### EXERCICE 1    Les adjectifs employés adverbialement

Après certains verbes, plusieurs adjectifs neutres s'emploient adverbialement et restent invariables.

**Complétez chacune des phrases suivantes par le mot proposé entre parenthèses. Distinguez les adverbes des adjectifs et faites l'accord s'il y a lieu.**

1. (juste)

   a)  Même si vos idées sont _____, nous ne pourrons les appliquer à cause des coûts prohibitifs.

   b)  La plupart des analystes ont visé _____; ils ont pu ainsi limiter les pertes au maximum.

2. (cher)

   a)  En général, la clientèle trouve nos produits plus _____ que ceux de la concurrence.

   b)  Les investissements que vous proposez coûteront _____ et limiteront considérablement notre marge de manœuvre à l'avenir.

3. (faux)

   a)  Toutes ces belles paroles de nos élus locaux sonnent _____; je n'y souscrirai que lorsqu'ils agiront.

   b)  J'ai pris connaissance de son rapport. Malheureusement, certaines des données statistiques qu'il a utilisées sont _____.

4. (fort)

   a)  Malgré les filtres et le système d'aération, les produits dans l'entrepôt sentent _____.

   b)  _____ de leurs succès en Europe, ils visent maintenant le marché asiatique.

5. (net)

   a)  Il reste _____ 50 000 $ qui seront versés à l'Alliance.

   b)  Les 50 000 $ de profits, _____ d'impôt, seront versés à l'Alliance.

   c)  Elle a été très _____ à ce sujet. Les subventions ne seront pas augmentées cette année.

   d)  La turbine hydraulique s'est cassée _____ au niveau de l'aube.

6. (droit)

   a)  Lors de sa rencontre avec le directeur, Mlle Robic est allée _____ au fait. Elle n'a pas ménagé ses mots.

   b)  Bientôt, retenue par une grue automotrice, l'éolienne se dressa très _____ dans le ciel.

   c)  Les flacons, posés _____ sur le tapis roulant, se rangent plus facilement dans leur boîte.

7. (fin)

    a)  Les grains sont moulus _____ et sont scellés de sorte qu'ils ne perdent rien de leur saveur.

    b)  Vous pouvez passer prendre les plans, ils sont _____ prêts.

8. (haut)

    a)  Il cherchait à pousser les enchères beaucoup plus _____.

    b)  Malgré des dépenses accrues, les fonds sont _____.

    c)  Malheureusement, pour obtenir des contrats de ce gouvernement, il faut connaître des fonctionnaires _____ placés.

## EXERCICE 2    La formation de l'adverbe

**Dans les phrases suivantes, remplacez les mots entre parenthèses par les adverbes en «-ment» qui y correspondent.**

**Ex.:**  Le vert est une couleur (fréquent)
    *fréquemment* recherchée par la clientèle.

1.  Les animations que nous avons (précédent) _____ organisées dans le magasin ont toutes connu beaucoup de succès.

2.  Nous avons dû (évident) _____ remplacer les magnétoscopes défectueux.

3.  Je vous transmets (en toute confidence) _____ ces informations.

4.  Il faut savoir se remettre en question (constant) _____.

5.  Les moyens d'acheminement des marchandises sont (de façon commune) _____ appelés «canaux de distribution».

6.  On conçoit (d'une façon aisée) _____ que ce mode de paiement soit plus répandu.

7.  Elle ne devrait pas agir (d'une manière précipitée) _____, même si la crise est réelle.

8.  La Chambre de commerce s'attaquera (d'une manière résolue) _____ à ce problème dans les prochains mois.

9.  Il trouve (selon toute apparence) _____ de grandes satisfactions dans son travail.

10.  Les autorités ont inauguré (d'une façon solennelle) _____ le navire lors d'une courte cérémonie.

**Récrivez les phrases suivantes en y intégrant l'expression proposée. Déterminez clairement le sujet et changez l'accord du verbe s'il y a lieu. (*Consultez le tableau 9.*)**

**Ex.:**  De nouvelles sociétés se créent tous les jours. (Peu de...)
  *Peu de nouvelles sociétés se créent tous les jours.*

1.  Les clients attendent à l'extérieur du magasin. (La longue file des...)

    _____

2.  L'erreur aurait été évitée si nous avions eu un service de marketing. (Plus d'une...)

    _____

3.  Des propositions ont été étudiées par le comité. (Un ensemble de...)

    _____

4.  Les commandes viennent de l'étranger. (La plupart des...)

    _____

5.  Les employés ont voté contre la grève. (La moitié des...)

    _____

6.  Ces vêtements se vendent très bien. (Cette série de...)

    _____

7.  Nos efforts se sont avérés inutiles. (Une bonne partie de...)

    _____

8.  Leurs méthodes sont désuètes. (Nombre de...)

    _____

9.  Nos meilleurs clients étaient présents. (La plupart de...)

    _____

10. Des fraudes ont été commises lors de cette transaction. (Trop de...)

    _____

## Anglicismes

## EXERCICE 4   Les anglicismes orthographiques et sémantiques

**Corrigez les mots en italique s'il y a lieu.**

1. Au *bureau-chef*, nous avons informatisé presque tous nos *départements*. Nous *sommes confiants que* la bureautique réduira le travail *clérical* et améliorera considérablement notre gestion.

   _____

   _____

   _____

2. Le vice-président *était anxieux* de connaître les premiers chiffres de vente du télécopieur CX100. Comme vous le savez, les dépenses *engagées* par l'entreprise dans la recherche et le développement de cette nouvelle génération de télécopieurs sont très élevées. J'ai pu le rassurer, car cet appareil est un excellent *vendeur*. D'ailleurs, il a pu le constater par lui-même en analysant les résultats des six premiers mois; et ce n'est pas fini. *J'anticipe* une augmentation régulière des ventes au cours des six prochains mois.

   _____

   _____

   _____

   _____

   _____

   _____

## EXERCICE 5   Les anglicismes: les adverbes et le mot «meilleur»

**A) Dans les phrases suivantes, corrigez les adverbes.**

1. Incidemment, avez-vous eu le temps
   de parler au contremaître?                    _____

2. Les commerçants acceptèrent
   éventuellement cette condition.               _____

Grammaire, anglicismes, vocabulaire, stylistique

3. Les inspecteurs ont répondu
   positivement à notre question.  _____

4. Leur machinerie est définitivement
   supérieure à la nôtre.  _____

5. Elle a été sévèrement blessée;
   c'est un accident de travail.  _____

**B) Dans les phrases suivantes, corrigez les expressions fautives contenant le mot «meilleur».**

1. Le cas est exceptionnel. Au meilleur de ma connaissance, je n'en connais pas de semblable.

   _____

2. Je suis dans les meilleurs termes avec le chef du service.

   _____

3. Ils ont fait leur travail au meilleur de leurs connaissances.

   _____

4. Au meilleur de mon jugement, l'entreprise a tort de vendre l'usine.

   _____

## Vocabulaire

## EXERCICE 6    Le terme «commerce»

**Trouvez les expressions qui correspondent aux définitions ci-dessous.**

une bourse de commerce / une chambre de commerce / un fonds de commerce / un effet de commerce / un registre de commerce / le commerce de gros / le commerce de détail / le commerce extérieur / le commerce de transit / le commerce intérieur /

1. Document sur lequel doivent s'inscrire toutes
   les personnes qui effectuent des actes de commerce.  _____

2. Marchandises vendues en grande quantité,
   généralement à des détaillants.  _____

3. Titre qui donne à son détenteur le droit de toucher
   à une certaine date les sommes qui y sont inscrites.  _____

4. Bourse spécialisée principalement dans la vente
   et l'achat en gros de certains produits en nature.  _____

5. Expression qui désigne l'installation, le matériel,
   les brevets, les licences, etc., d'un commerce.  _____

6. Commerce qui se fait avec les pays étrangers (on distingue le commerce d'importation et le commerce d'exportation). _____

7. Les marchandises se vendant au client à l'unité ou par petite quantité. _____

8. Organisme représentant les professions industrielles et commerciales auprès des pouvoirs publics. Son but est de développer le commerce et l'industrie d'une région. _____

9. Commerce dans lequel les marchandises ne font que traverser le pays. _____

10. Commerce qui se fait à l'intérieur d'un pays. _____

## EXERCICE 7  Le vocabulaire de l'entreprise

**Trouvez dans la liste suivante les mots qui correspondent aux définitions proposées.**

maison / firme / monopole / trust / agence / maison mère / holding / duopole / comptoir / consortium / omnium / conglomérat / établissement / cartel / fondation / manufacture / succursale / oligopole / filiale / factorie /

1. Établissement ou commerce qui dépend d'un autre, mais qui jouit d'une certaine autonomie:

   _____

2. Situation de marché où quelques producteurs ou vendeurs détiennent le monopole de l'offre:

   _____

3. Concentration horizontale qui réunit des entreprises de même nature dans le but d'acquérir un

   monopole: _____

4. Fusion d'entreprises de productions variées: _____

5. Établissement d'intérêt public ou d'utilité sociale: _____

6. Entreprise industrielle ou commerciale telle qu'elle est désignée sous une raison sociale:

   _____

7. Établissement commercial servant essentiellement d'intermédiaire: _____

8. Entreprise qui possède les actions d'autres sociétés et qui dirige et contrôle leurs activités:

   _____

9. Société qui gère les capitaux d'autrui ou les activités de sociétés dépendantes: _____

10. Groupement d'entreprises qui gardent chacune leur autonomie, mais qui sont associées

temporairement dans le but de développer un marché: _____

# EXERCICE 8    Le vocabulaire de l'informatique

**A) Trouvez dans la liste ci-dessous les expressions qui conviennent aux définitions proposées.**

paquet d'information / courrier électronique / modem / internaute / logiciel / binette (emoticon) / Internet / Netscape / domaine /

1. Logiciel fureteur qui permet de naviguer
sur le Web (World Wide Web).                                          _____

2. Programme qui explique à l'ordinateur
comment fonctionner.                                                 _____

3. Morceau d'information électronique circulant
sur Internet. Il est composé de l'adresse de la machine
d'origine et de celle de la machine destinataire,
et de données.                                                       _____

4. Réseau informatique le plus grand de la planète.
C'est un réseau regroupant une multitude de réseaux
régionaux, gouvernementaux et commerciaux.                           _____

5. Ensemble des utilisateurs d'un site Internet. Il est
présent dans toutes les adresses Internet des
entités du site.                                                     _____

6. Pièce d'équipement permettant à un ordinateur
d'échanger des informations par ligne téléphonique.                  _____

7. Utilisateur de l'Internet.                                        _____

8. Petite figure utilisée pour signifier
une certaine humeur dans le texte.                                   _____

9. Envoi de messages sous format électronique d'une
personne à un ou plusieurs destinataires dans
un réseau informatique.                                              _____

Source: Danny J. Sohier, *Internet: Le Guide de l'internaute*, Montréal, Les Éditions Logiques, 1996, p. 460-468.

**B) Complétez le texte suivant en utilisant les expressions ci-dessous (les mêmes expressions peuvent être utilisées plus d'une fois).**

courrier électronique / internaute / Netscape / administrateur de réseau / naviguer / Internet / adresse IP / modem / serveurs /

_____ (1) est de loin le plus grand réseau informatique. Il permet de joindre

des millions de personnes à l'échelle du globe. Son utilisateur découvre chaque jour de nouvelles res-

sources de nature scientifique, technique ou culturelle, ou encore de nature purement triviale. Ce phé-

nomène de navigation dans les réseaux informatiques a amené la création d'un nouveau terme pour

identifier ces coureurs de liens électroniques. Un peu comme les astronautes explorent l'espace, l'_____ (2) explore un espace cybernétique (*cyberspace*) appelé

«_____» (3). Il s'agit en fait de millions d'ordinateurs reliés entre eux par

_____ (4) à travers le monde.

Lorsqu'on veut se brancher sur _____ (5), on contacte un _____ (6). En fait, c'est lui qui est branché sur Internet, et on se branche sur ses _____ (7). Moyennant une redevance, on reçoit une disquette d'installation, une _____ (8) (adressage numérique ou mot de passe pour accéder au réseau) et une adresse de _____ (9). L'outil le plus utilisé par les _____ (10) est sans aucun doute le _____ (11). Des ressources un peu plus avancées d'Internet permettent d'interagir avec d'autres ordinateurs. Il existe deux types élémentaires de communications, le Telnet et le FTP. Ils sont employés pour le téléchargement de fichiers. On utilise le logiciel _____ (12), le logiciel fureteur, pour _____ (13).

Bouclez la ceinture: partez à la conquête de la nouvelle frontière électronique.

Source: adapté de Danny J. Sohier, *Internet: Le Guide de l'internaute*, Montréal, Les Éditions Logiques, 1995, p. 21-24.

## Stylistique

## EXERCICE 9    La substitution du verbe «avoir» et de la forme verbale «il y a»

A) **Remplacez, dans le texte, les verbes en italique par des verbes plus précis.**

### Les binettes (ou emoticons)

Tous les spécialistes *ont* (1) un langage technique qui leur est propre. Un aspect de celui que les internautes utilisent *a* (2) la forme d'un curieux assemblage de signes de ponctuation, dont voici un heureux exemple:  :-).

Comme ces combinaisons *ont* (3) la configuration d'un visage lorsqu'on les observe de côté, l'Office de la langue française du Québec les a appelées *binettes*; toutefois l'usage fait qu'elles *ont* (4) plus souvent le nom de *smileys*, *emoticons* ou, en français, *sourires*.

Les «binettes» *ont* (5) diverses mimiques pour exprimer ce que le texte n'a pas le pouvoir de signifier. Quand deux interlocuteurs discutent en tête à tête, le caractère sérieux ou railleur d'un commentaire peut fort bien être indiqué par l'expression non verbale; cependant, lorsque ces mêmes personnes *ont* (6) des communications par courrier électronique, leur discours ne peut *avoir* (7) ces différentes tonalités que par l'entremise des «binettes».

Ces innocents petits symboles *ont* (8) donc un remarquable talent dans l'expression informatisée des émotions, et peuvent tour à tour *avoir* (9) sur les internautes des regards d'intelligence, des regards en coin, des regards étonnés, inquiets, taciturnes, furieux, moqueurs... Les utilisateurs qui *ont* (10) une imagination fertile peuvent ainsi créer des centaines de «binettes», au gré de leur fantaisie. En voici quelques-unes croquées sur le vif:

| | | | |
|---|---|---|---|
| :-) | binette souriante | ;-) | binette au clin d'œil |
| :-( | binette déçue ou triste | :-< | binette de mauvaise humeur |
| :-/ | binette maussade | B-) | binette à lunette |

_____

_____

_____

_____

_____

_____

_____

_____

_____

**B) Dans les phrases suivantes, remplacez la forme verbale «il y a» par un verbe plus précis et faites les changements qui s'imposent.**

**Ex.:** *Il y a* de graves risques dans cette décision.
_Cette décision comporte de graves risques._

1. Dans ce catalogue, *il y a* les prix printemps-été et les modalités de livraison.

_____

_____

2. *Il y avait* surtout des critiques sur l'organisation des débats quand nous avons interrogé les participants.

_____

_____

3. D'après une enquête récente, *il y a* encore des lacunes regrettables dans la réglementation de l'étiquetage.

_____

_____

4. Nous allons demander un nouveau rendez-vous au propriétaire, car *il y a* encore deux problèmes délicats à résoudre.

_____

_____

5. Lors de la soumission, *il y a eu* une lutte acharnée entre les entrepreneurs.

_____

_____

## EXERCICE 10     Les adverbes ou locutions adverbiales et leur place dans la phrase

**Récrivez les phrases suivantes en y insérant les adverbes proposés en désordre. Attention, il peut y avoir plus d'une combinaison.**

**Ex.:** (instamment / immédiatement / donc)
Je vous prie de me faire parvenir ce formulaire que je vous renverrai après.
Je vous prie *donc instamment* de me faire parvenir ce formulaire que je vous renverrai *immédiatement* après.

1. (presque / considérablement / fort)
Les retards dans la dernière livraison nous ont gênés, notre clientèle était déçue, fâchée.

_____

_____

2. (bien / en outre / dorénavant / formellement)
Nous avons l'intention de rendre votre entreprise responsable des préjudices qui nous seraient causés.

_____

_____

3. (volontiers / bien / involontairement / sincèrement)
Je reconnais l'exactitude de votre réclamation et je regrette les ennuis que nous vous avons causés.

_____

_____

4. (tout à fait / presque / expressément / très)
   Nous vous suggérons un chemisier élégant, dans les teintes au goût du jour, pour rien.

   _____

   _____

5. (sans doute / a posteriori / plutôt / davantage)
   Il faut reconnaître que nous aurions obtenu des résultats si notre campagne avait visé les adolescents.

   _____

   _____

6. (au préalable / notamment / déjà / par ailleurs)
   Les cadres, et les chefs de service, ont manifesté le désir de suivre le stage.

   _____

   _____

# Leçon 9

## EXERCICE 1    L'accord du participe passé employé avec l'auxiliaire «être»

**Complétez les phrases suivantes en utilisant le participe passé du verbe entre parenthèses. Faites l'accord avec le sujet. (*Consultez le tableau 10.*)**

1.  La carte, lorsqu'elle est _____ (utiliser) par le détenteur en deçà de la limite de crédit qui lui est _____ (consentir), permet d'obtenir des avances de fonds directement de la banque.

2.  Tous les titulaires de la carte sont admissibles au régime collectif d'assurance-hospitalisation. Les enfants à charge sont _____ (protéger) dès l'âge de 14 jours et jusqu'à l'âge de 23 ans, s'ils ne sont ni _____ (marier) ni _____ (employer) à plein temps. Les maladies et les blessures sont _____ (couvrir) si l'assuré n'a pas reçu de soins pendant 12 mois consécutifs précédant la date d'entrée en vigueur du régime. Si vous avez plus de 64 ans, les indemnités vous sont _____ (verser) directement à partir du 15e jour d'hospitalisation. Ne laissez pas votre avenir au hasard, inscrivez-vous dès maintenant, car nos régimes ont été _____ (concevoir) pour répondre aux besoins des plus exigeants.

3.  Les échantillons seront _____ (faire) selon vos recommandations, qui ont été bien _____ (accueillir) par les ingénieurs.

4.  Votre lettre sera _____ (lire), et les questions qui y sont _____ (soulever) seront (étudier) _____ avant qu'une décision finale ne soit _____ (prendre).

Récrivez le texte suivant en mettant les verbes soulignés au temps du passé qui convient.

### Un petit rappel sur Internet

Internet <u>voit</u> (1) le jour en 1969, lorsque le département de la défense américaine <u>relie</u> (2) deux super-ordinateurs, dont l'un <u>se trouve</u> (3) à l'UCLA (University of California, Los Angeles) et l'autre à l'Université Stanford.

Ce premier réseau se <u>nomme</u> (4) ARPAnet (*Advanced Research Projects Agency NETwork*). À la fin de 1969, quatre ordinateurs <u>sont</u> (5) présents sur ce réseau. Deux raisons <u>expliquent</u> (6) sa création: la première <u>est</u> (7) que le gouvernement américain <u>désire</u> (8) construire un réseau informatique pouvant survivre à la destruction de plusieurs nœuds après un éventuel échange nucléaire; la deuxième <u>est</u> (9) un peu plus prosaïque: le gouvernement américain <u>veut</u> (10) faire partager les ressources de ces quatre super-ordinateurs par plusieurs organismes afin de réduire les coûts.

Le réseau ARPAnet <u>grandit</u> (11) avec les années. En 1973, il <u>franchit</u> (12) l'océan, créant des liens avec des sites en Norvège et en Angleterre. Puis, en 1979, deux étudiants <u>introduisent</u> (13) la notion des nouvelles Usenet; le courrier électronique <u>est</u> en fait <u>venu</u> (14) s'ajouter aux ressources d'Internet dès 1977. Un autre grand réseau <u>naît</u> (15) par la suite, NSFnet (*National Science Foundation NETwork*). Ce réseau <u>devient</u> (16) rapidement le membre le plus important d'Internet.

La croissance du nombre d'ordinateurs <u>est</u> (17) toujours constante; en 1992, on en <u>dénombre</u> (18) 935 000. Il faut dire que l'explosion s'<u>est</u> réellement <u>produite</u> (19) en 1991, lorsque la ressource Gopher <u>a vu</u> (20) le jour à l'université du Minnesota et qu'elle <u>a pu</u> (21) offrir, pour la première fois, un accès facile et convivial à Internet. Puis W3 <u>est</u> <u>présenté</u> (22) au public par le CERN (Conseil Européen de Recherche Nucléaire). En 1993, la Maison-Blanche <u>s'ouvre</u> (23) à Internet. Pour la première fois, un président américain <u>possède</u> (24) une adresse Internet.

Un des premiers livres traitant d'Internet en français <u>est publié</u> (25) au Québec, en 1994. Depuis...

Source: adapté de Danny J. Sohier, *Le Guide d'exploitation de l'internaute*, Montréal, Les Éditions Logiques, 1995, p. 21-24.

# EXERCICE 3    Les pronoms compléments d'objet

**À l'aide du sigle approprié, distinguez parmi les pronoms en italique les compléments d'objet direct (COD) et les compléments d'objet indirect (COI).**

1. La crise *nous* ( _____ ) frappe durement, mais elle *nous* ( _____ ) donne l'occasion de nous restructurer.

2. Quand madame Redon *vous* ( _____ ) succédera, elle *vous* ( _____ ) remerciera de *lui* ( _____ ) remettre une entreprise en aussi bonne santé financière.

3. Ma secrétaire *vous* ( _____ ) remettra une lettre qui *vous* ( _____ ) est adressée.

4. Les clients *nous* ( _____ ) préfèrent, car ils *se* ( _____ ) disent que la qualité vaut bien le prix.

5. Si le projet *vous* ( _____ ) convient, nous tenons à *vous* ( _____ ) rencontrer dès que possible pour en discuter.

6. Vous *me* ( _____ ) cédez 51 % du capital-actions de votre entreprise au prix de 3 millions de dollars, et je *vous* ( _____ ) nomme vice-président de la nouvelle société.

7. Vous *m'* ( _____ ) appellerez demain, et nous discuterons du poste de coordonnatrice que nous *vous* ( _____ ) avons attribué.

8. Ils *se* ( _____ ) sont donnés tout entiers à la cause des jeunes; au début, ils *se* ( _____ ) sont demandé comment faire pour inciter les employeurs à embaucher des jeunes.

9. J'ai avant tout cherché à *te* ( _____ ) donner satisfaction, tu *l'* ( _____ ) admettras sans trop de peine, il *me* ( _____ ) semble.

10. Je *vous* ( _____ ) prie de bien vouloir *m'* ( _____ ) adresser toute la documentation qu'on *vous* ( _____ ) a remise.

11. Si nous *vous* ( _____ ) présentons ce nouvel appareil, ce n'est pas dans l'espoir de *vous* ( _____ ) leurrer; faites-*nous* ( _____ ) confiance, c'est en prenant le risque de votre critique que nous *vous* ( _____ ) disons: examinez attentivement notre nouvel appareil et essayez-*le* ( _____ ). Si, d'après vous, il n'est pas supérieur aux autres modèles sur le marché, alors n'hésitez pas, renvoyez-le-*nous* ( _____ ) et vous n'aurez rien à *nous* ( _____ ) régler.

## Anglicismes

## EXERCICE 4 Les anglicismes orthographiques

**Dans le texte suivant, trouvez les anglicismes orthographiques et corrigez-les.**

Millionaire depuis qu'elle a gagné un billet de loterie il y a quelques mois, madame Soutins fait appel aux services professionels d'un courtier que je lui ai recommendé pour se constituer un portefeuille équilibré. Elle a également procédé à un transfer d'une importante somme d'argent dans un pays étranger suivant ainsi l'example de nombreux investisseurs qui veulent diversifier leurs placements et limiter les risques dus au hazard.

_____

_____

_____

## EXERCICE 5 L'adjectif «effectif»

L'adjectif «effectif» a, en français, un sens plus restreint que son cousin anglais. Une menace effective est, par exemple, une menace qui existe de fait, réelle, concrète.

**Dans les phrases suivantes, corrigez le mot «effectif» quand c'est nécessaire.**

1. Il ne fait aucun doute que sa gestion était *effective*, les résultats sont là pour le prouver.

   _____

2. Nous avons besoin d'une aide *effective*, pas de simples encouragements.

   _____

3. La loi sera *effective* à compter du 1$^{er}$ mars.

   _____

4. *Effectif* du 15 mai, nous vous enverrons régulièrement notre bulletin de liaison.

   _____

**Traduisez les phrases suivantes:**

5. The effective value of this currency has dropped.

    _____

6. The administration's regulations have proven to be very effective.

    _____

7. The new rate will be effective on June 15.

    _____


## Vocabulaire


## EXERCICE 6    Le terme «marché»

**Trouvez les expressions qui correspondent aux définitions ci-dessous.**

une étude de marché / une économie de marché / le marché des changes / le marché noir / annuler un marché / conclure un marché /

1. Marché des différentes devises
   (valeurs monétaires) selon l'offre
   et la demande.                                    _____

2. Étude des débouchés d'un produit menée
   dans le but d'adapter la production
   aux besoins des consommateurs.                    _____

3. Économie où les mécanismes économiques
   obéissent à la loi de l'offre et la demande
   (opposée à une économie dirigée, planifiée).      _____

4. Résilier, rompre un marché.                       _____

5. Passer, signer, traiter un marché.                _____

6. Marché clandestin résultant de
   l'insuffisance de l'offre.                         _____

**Complétez les phrases suivantes à l'aide des mots qui vous sont proposés.**

norme / déontologie / vice caché / démarchage / préjudice / libellé / avarié / sollicitation / label / recours / devis / fardage / boycott / récépissé /

1.  Lorsqu'un fabricant refuse d'honorer une garantie, la loi prévoit un certain nombre de

    _____ pour les consommateurs.

2.  Les agences ne veulent pas reconnaître que plusieurs clients ont subi des _____ indi-
    rects lors de ce voyage.

3.  Les consommateurs devraient toujours exiger que les entrepreneurs établissent un

    _____ avant d'entamer des travaux.

4.  Le rôle d'une association professionnelle consiste entre autres choses à mettre en place une

    _____ et à exercer une autorité morale sur la pratique professionnelle.

5.  La garantie stipule que le vendeur est responsable des _____ de l'article qu'il vend.

6.  Vous n'avez pas exigé de _____ lorsque vous avez laissé ce montant en dépôt! Quelle
    imprudence!

7.  Le _____, ou en quelque sorte la grève des achats, est une pratique de plus en plus

    répandue parmi les consommateurs.

8.  Le _____ de cette facture n'était pas clair.

9.  Les enfants ne doivent en aucun cas être l'objet d'une _____ commerciale par télé-
    phone.

10. Le _____ à domicile est une technique de vente moins populaire que par le passé.

11. J'exige un remboursement complet pour les denrées _____ que vous m'avez fait par-
    venir par la poste.

12. Les consommateurs doivent se méfier du _____, lorsqu'un commerçant met sur le

    devant de son étalage les fruits les plus présentables en cachant ainsi les produits de moins bonne
    qualité.

13. Les _____ sont indispensables pour définir les caractéristiques minimales d'un

    produit; ainsi, elles garantissent au consommateur une meilleure protection.

14. Les membres de l'Association des fabricants de meubles estampillent un _____ sur
    tous leurs produits.

**Dans chacune des phrases suivantes, trouvez une expression formée avec le verbe «porter» dont le sens équivaut à l'expression mise entre parenthèses.**

Ex.:    Étant donné la brièveté de son passage au sein de notre équipe, il ne m'est guère possible de _porter un jugement_ (juger) sur sa compétence professionnelle.

1.  Son oncle _____ (est légalement responsable) du prêt qu'il a contracté à la banque.

2.  D'après les commentaires que nous avons recueillis auprès de tous les congressistes, vos propos _____ (ont eu de l'effet).

3.  Il est certain que cette mesure _____ (cause du tort) aux petits commerçants.

4.  Veuillez _____ (me créditer) cette somme reçue en héritage.

5.  Tout _____ (donne à penser) que la direction de l'usine va déclarer un lock-out dans les prochains jours.

6.  Il faut évaluer les risques d'une telle transaction; en aucun cas, elle ne devrait _____ (attenter) à notre réputation.

7.  Si nous lançons cette campagne, c'est parce que nous sommes convaincus qu'elle _____ (produira des résultats).

8.  D'après nos dossiers, elle s'est _____ (déclarée malade) entre le 17 et le 20 mars.

**Stylistique**

**EXERCICE 9    La substitution du verbe «faire»**

**La pauvreté stylistique du texte suivant provient de l'emploi abusif du verbe «faire». Enrichissez le texte en remplaçant, quand c'est possible, le verbe en italique par un verbe ou une expression verbale de sens plus riche et plus précis.**

### Une situation déplorable

Certaines employées _font_ (1) plus de 10 heures par jour dans l'atelier surchauffé et très sale. Les machines, qui normalement _font_ (2) 10 ans, ont été maintes et maintes fois réparées et ne sont pas sécuritaires. La ventilation _fait_ (3) des maux de tête parce qu'elle renvoie une partie de la fumée qui se dégage des immenses cuves de décantation qui _font_ (4) 500 litres. Quand l'inspecteur du ministère de l'Environnement _a fait_ (5) son rapport, il a accusé l'entreprise de _faire de l'argent_ (6) sur le dos des ouvrières. Il a également précisé qu'il _avait fait_ (7) toute la province, mais qu'il n'avait jamais vu une telle situation. D'après lui, l'entreprise _a fait_ (8) une faute grave car elle n'a pas, au cours des dernières années, modifié les conditions de travail, ni installé de système antipollution comme l'*ont fait* (9) la plupart des entreprises concurrentes dans ce secteur.

*Faite* (10) pourtant «Entreprise de l'année» il y a six ans, la société a été blâmée pour sa négligence. On parle même de poursuites judiciaires contre le directeur qui, incroyable mais vrai, *a fait* (11) des études en sciences de l'environnement à l'université.

_____

_____

_____

_____

_____

_____

_____

_____

_____

_____

_____

_____

_____

_____

_____

_____

_____

_____

_____

_____

_____

_____

_____

## EXERCICE 10 La transformation de la voix passive à la voix active

**Récrivez les phrases suivantes à la voix active. Apportez les changements qui s'imposent.**

**Ex.:** Le rapport a été écrit par Julia et moi.
*Julia et moi avons écrit le rapport.*

1. Toute la documentation vous sera envoyée par notre bureau.

   _____

2. Il est important que les règlements soient respectés par tous.

   _____

3. Malheureusement, les plus lourdes tâches sont assumées par les plus jeunes.

   _____

4. Êtes-vous sûr que la directrice adjointe a été prévenue?

   _____

5. Il a été nommé par ses pairs président honoraire du club.

   _____

6. Mes décisions sont souvent dictées par la conjoncture économique.

   _____

7. Certaines lois ont été mal reçues par le monde des affaires.

   _____

8. Une percée technologique a été réalisée par les Japonais dans ce domaine.

   _____

9. Ces nouveaux chefs d'entreprise sont peu respectés des magnats de l'industrie.

   _____

10. Cette enquête délicate a été menée par nos propres services.

   _____

# Leçon 10

## EXERCICE 1    L'accord des verbes conjugués avec l'auxiliaire «avoir»

**Dans les phrases suivantes, mettez les verbes entre parenthèses à la forme appropriée. (*Consultez le tableau 10.*)**

1.  Les deux directrices qui ont _____ (commander) l'étude que vous avez _____ (lire) sont en vacances.

2.  Les contacts commerciaux que nous avons _____ (établir) en Allemagne nous ont _____ (permettre) de mieux orienter nos activités dans ce pays.

3.  Les engagements qu'elles ont _____ (devoir) contracter à la banque les ont _____ (empêcher) d'investir dans ce projet.

4.  Les dossiers qu'il nous a _____ (laisser) à lire et à étudier, je les ai _____ (faire) relier.

5.  Les modalités de paiement dont je vous ai _____ (parler) au téléphone ne s'appliquent pas aux articles que vous avez _____ (acheter).

6.  Les différentes enquêtes que le ministère a _____ (mener) auprès des entreprises nous ont _____ (convaincre) de la nécessité de modifier la loi actuelle.

7.  Les 2 000 000 $ que cette acquisition m'a _____ (coûter) sont peu comparativement aux sommes que j'ai _____ (devoir) verser pour renflouer la caisse de notre filiale.

8.  Les personnes qu'elle a _____ (trouver) intéressantes sont ces hommes et ces femmes d'affaires de Québec que l'on avait _____ (accueillir) le mois passé.

## EXERCICE 2    Le conditionnel de politesse et les phrases de condition

**A)** **Mettez les verbes entre parenthèses au conditionnel présent.**

Mesdames, Messieurs,

Nous avons feuilleté votre catalogue été 1998 et nous avons remarqué que vous distribuez trois nouveaux modèles de tente autoportante: l'Austral II, l'Austral IV et la tente Bivouac.

Ces articles nous intéressent vivement pour nos magasins d'équipement de camping, mais nous (aimer) _____ (1) avoir des informations supplémentaires sur le poids, les couleurs et le prix de ces différents modèles. Nous (vouloir) _____ (2) également connaître les délais de livraison et la nature de la garantie, s'il y en a une. (Pouvoir) _____ (3) -vous finalement nous faire parvenir cinq ou six exemplaires de votre catalogue?

Nous vous (être) _____ (4) reconnaissants de nous fournir ces renseignements le plus tôt possible.

Agréez, Mesdames, Messieurs, l'expression de nos sentiments les meilleurs.

**B)** **Dans les phrases suivantes, mettez les verbes entre parenthèses au temps et au mode qui conviennent. N'oubliez pas les accords. (*Consultez le tableau 13.*)**

1. Si vous aviez libellé le chèque correctement, l'affaire (ne pas être) _____ en souffrance pendant si longtemps.

2. Si la boîte manquante (ne pas être retrouvé) _____ cette semaine, je serais contraint d'en exiger le remboursement.

3. Si ces conditions vous (convenir) _____, nous pourrons signer le contrat au début de la semaine prochaine.

4. Vous ne (courir) _____ aucun risque si les deux États acceptaient de se porter garants de l'opération. Malheureusement, j'en doute fort.

5. Si les ventes ont déjà augmenté à ce point, notre stock (s'épuiser) _____ dans six mois.

6. Elles (finir) _____ de dresser l'inventaire demain si elles commencent maintenant.

7. Si vous voulez bien nous accorder cette faveur, nous (s'engager) _____ à faire des heures supplémentaires samedi.

8. Jamais je n'aurais eu cet avancement si vous (ne pas en parler) _____ à la présidente.

9. Si vous aviez pu nous garantir la stabilité des prix de gros, nous (traiter) _____ avec vous encore aujourd'hui.

10. L'Association des producteurs de vidéo serait en campagne de sensibilisation en ce moment même si les gouvernements fédéral et provinciaux (se mettre d'accord) _____ sur une augmentation de la taxe de vente.

11. Si le prix du pétrole n'avait pas flanché, la croissance que nous (avoir) _____ ces deux dernières années (être comparable) _____ à celle du Japon.

12. Pourriez-vous me donner vos dernières instructions au cas où vous (s'absenter) _____ quelques jours?

# EXERCICE 3 Les pronoms personnels

**A. Complétez les phrases suivantes en ajoutant les pronoms personnels qui correspondent aux mots en italique.**

**Ex.:** Voici *les dossiers* dont *le directeur* aura besoin pour la conférence.
Vous *les lui* remettrez avant 17 h.

1. *M. Malouf* nous a demandé de remplir *tous les formulaires*, mais je ne pourrai pas

_____ remettre avant la semaine prochaine.

2. Nous avons soigneusement emballé *les nouvelles imprimantes* pour *Boston* avant de

_____ expédier.

3. *Le chef de service* refuse de prendre *vos exigences* en considération. Ne _____ parlez pas avant d'avoir consulté vos délégués syndicaux.

4. Aussitôt que la jeune journaliste a terminé *la rubrique financière* pour *son chef*, elle

_____ a apportée, impatiente de connaître sa réaction.

5. *Je* ne comprends pas très bien *votre projet*, et *j'*aimerais que vous _____ parliez

tout de suite. Expliquez _____ aussi clairement que possible pour que *je* puisse *le*

défendre devant le comité de recrutement.

**B) Complétez les phrases suivantes à l'aide des pronoms personnels appropriés.**

**Ex.:** Vos représentants, nous *les* avons rencontrés et nous *leur* avons proposé de visiter
notre centre de recherche.

1. Les projets commerciaux et industriels, _____, seront plus nombreux et plus importants cette année.

2. Cette grève, je _____ prévois les conséquences désastreuses.

3. Même s'ils refusent de nous vendre ce terrain, on _____ _____ contraindra.

4. Quant à l'échec de notre campagne publicitaire, il n'est guère difficile de _____ cerner la cause.

5. Monsieur Chevalier nous a fait parvenir des brochures la semaine dernière; ne

_____ _____ avez-vous pas commandé, vous aussi?

6. Vous _____ obligeriez en _____ informant le plus tôt possible de

vos intentions. Je prendrai des mesures en conséquence.

7. La vente de son fonds de commerce, il _____ _____ est résigné à la suite de l'offre

avantageuse de monsieur Martin. Quant aux détails de la transaction, il _____ _____

remet à la compétence de son avocat.

8. Les contributions que ces deux organismes ont reçues de notre société au cours de l'année

s'élèvent à 150 000 $. Nous _____ _____ avons versées par tranches de 25 000 $ tous les

deux mois.

Grammaire, anglicismes, vocabulaire, stylistique

9. Notre client exigeait un devis. C'est donc _____ qui ai donné des instructions pour qu'on _____ _____ soumette un.

10. Si la clientèle veut avoir des services diversifiés sous un même toit, notre banque veut _____ _____ offrir.

## Anglicismes

## EXERCICE 4    Les anglicismes orthographiques

**Dans le texte suivant, soulignez les anglicismes orthographiques et corrigez-les.**

Les négotiations entamées par le gouvernment au mois de juillet se poursuivent toujours. Il semble qu'il soit très difficile d'en arriver à un accord sur le traffic aérien parce que les compagnies étrangères exercent de fortes pressions. Leur aggressivité dans ces tractations montre une fois de plus que les intérêts économiques en jeu sont énormes. Le développment du transport aérien dépend en grande partie de l'accord qui doit être signé. Une entente acceptable serait considérée par le ministre responsable comme une réalization majeure.

_____

_____

_____

_____

_____

## EXERCICE 5    Le verbe «opérer»

**A) Dans les phrases suivantes, corrigez le verbe «opérer» s'il y a lieu.**

1. Cette firme allemande opère au Québec depuis deux ans. _____

2. S. Linreau opère un commerce prospère en banlieue. _____

3. L'ajusteur qui opère cette machine est absent pour la semaine. _____

**B) Traduisez les phrases suivantes:**

1. Their job is to analyze a firm's operations.

   _____

2. Many owners do not know how to operate their business.

   _____

## Vocabulaire

## EXERCICE 6    Les franchises

**A) Donnez la définition la plus précise possible des termes suivants:**

1. *franchiseur:* _____

   _____

2. *franchisé:* _____

   _____

3. *franchisage:* _____

   _____

4. *franchise:* _____

   _____

**B) Complétez le texte suivant à l'aide des quatre termes de l'exercice A.**

Les _____(1) représentent un moyen souvent avantageux de lancer une PME. Le

_____(2) bénéficie de produits éprouvés, et on lui propose des outils de gestion adé-

quats. Souvent, le _____(3) offre une formation et une assistance financière qui permet-

tent de lancer l'entreprise avec moins d'argent qu'il n'en aurait fallu à l'entrepreneur autrement. Cela ne

veut toutefois pas dire que toutes les _____(4) disponibles sont assurées de réussir; il

faut magasiner.

Le piège le plus sérieux et le plus difficile à cerner dans l'industrie du _____(5) est sa

fausse apparence de facilité. Lorsqu'un _____(6) s'adresse à un

_____(7), il se retrouve souvent vis-à-vis d'une organisation apparemment bien rodée,

qui semble savoir parfaitement ce qu'elle fait et qui s'évertue à démontrer que la mise en place d'un éta-

blissement _____(8) est une question de routine dans laquelle elle est devenue pres-

que infaillible. Cependant, il faut parfois se méfier: le _____(9) est une aventure qui demande un grand engagement sur le plan de la gestion et sur le plan financier, et qui ne doit pas être prise à la légère.

Source: adapté de la revue *Commerce*, mars 1982, p. 26; Mᵉ J.H. Gagnon, *Les pièges du franchisage; comment les éviter*, 1989, p. 17, 29.

## EXERCICE 7    Le vocabulaire du marketing (ou mercatique) et de la publicité

**A)  Complétez les définitions suivantes à l'aide du vocabulaire qui vous est proposé ci-dessous.**

support / promotion / prospection / commercialisation / présentoir / écumage / slogan / encart / créneau (ou niche) / segmentation / force de vente / publicitaire / image de marque / rotation des stocks / pénétration /

1.  Le(a) _____ se crée à partir des représentations que se fait le public d'un produit, d'un service, d'une marque.

2.  Le(a) _____ publicitaire est le moyen matériel par lequel les publicités sont présentées.

3.  Le(a) _____ se définit comme l'ensemble des techniques publicitaires utilisées pour le développement des ventes.

4.  Le(a) _____ est un dispositif utilisé pour étaler des marchandises.

5.  Le(a) _____ (ou *merchandising*, en anglais) se définit comme l'ensemble des moyens mis en œuvre sur les lieux de vente pour inciter le consommateur à acheter.

6.  Le(a) _____ est une formule brève utilisée en publicité pour frapper l'imagination du consommateur.

7.  Le(a) _____ a pour objectif de rechercher des clients éventuels à l'aide de techniques telles que l'envoi d'échantillons.

8.  Le(a) _____ s'occupe de publicité, par exemple comme rédacteur ou dessinateur.

9.  Le(a) _____ du marché signifie que le producteur fixera le prix au plus haut niveau possible pour son produit. On a recours à cette pratique quand le prix n'est pas la principale motivation de la clientèle.

10.  Le(a) _____ est un indice important pour la gestion. On mesure ainsi à quelle vitesse se renouvelle la marchandise pendant une période donnée.

11. Le(a) _____ du marché est une politique qui consiste à fixer un prix peu élevé afin de rejoindre rapidement la masse des consommateurs.

12. Le(a) _____, dans une entreprise, est constitué(e) par l'ensemble des personnes qui s'occupent de la vente.

13. Le(a) _____ publicitaire s'insère dans un journal ou un magazine et permet de rejoindre une clientèle déterminée.

14. Le(a) _____ permet de diviser le marché en groupes d'acheteurs homogènes.

15. Le(a) _____ est une ouverture bien délimitée qu'un producteur veut occuper dans le marché.

B) **À l'aide du dictionnaire, cherchez le sens exact du mot «publiciste».**

_____

_____

## EXERCICE 8     Enrichissement lexical: les verbes

A) **Formez des expressions à l'aide des verbes de la liste B et des compléments de la liste A. Donnez le sens de chacune de ces expressions.**

**Liste A**

une action / un déficit / une demande / une commande / une commission / le marché / une clause / garant / une somme / un emprunt d'État /

**Liste B**

1. passer _____

2. se porter _____

3. combler _____

4. insérer _____

5. intenter _____

6. prélever _____

7. lancer _____

8. affecter _____

9. réitérer _____

10. inonder _____

**B)** Formez des expressions à l'aide des verbes de la liste B et des éléments de la liste A. Donnez le sens de chacune de ces expressions.

### Liste A

en vigueur / le pouvoir / une motion / une entreprise / une commande / une poursuite / une signature / une créance / un bail / un fonctionnaire /

### Liste B

1. présenter _____
2. engager _____
3. certifier _____
4. entrer _____
5. recouvrer _____
6. déléguer _____
7. résilier _____
8. renflouer _____
9. révoquer _____
10. exécuter _____

## Stylistique

## EXERCICE 9    La substitution des verbes «trouver» et «dire»

**Dans les phrases suivantes, remplacez les verbes «trouver» et «dire» par des verbes plus précis.**

1. Pourriez-vous m'indiquer comment *trouver* MM. Faucher et Doroteo?

   _____

2. Notre association *trouve mauvais* un tel règlement.

   _____

3. Vos noms ne *se trouvent* pas sur nos listes.

   _____

4. Malgré de longues recherches, les ingénieurs chimistes *n'ont pas trouvé* de matériaux composés plus résistants que celui-là.

   _____

5. Grâce à de nouvelles garanties, nous *avons trouvé* les capitaux nécessaires pour lancer ce projet.

_____

6. Le thème publicitaire et le slogan que vous *avez trouvés* pour la campagne de nos concurrents me paraissent très audacieux.

_____

7. Au cours des réunions du comité, elle ne se gêne pas pour *dire* son opinion.

_____

8. Ses intentions, il me les *a dites* le lendemain de l'assemblée. Personne d'autre n'est au courant.

_____

9. Vous ne pouvez pas modifier les quantités, le contrat le *dit*.

_____

10. Puisque les cours baissent si rapidement, il faut lui *dire* de vendre au plus vite.

_____

11. Par son silence tout au long de l'exposé, elle a voulu *dire* son opposition à un tel projet.

_____

12. D'après ce que *disent* les scientifiques, nous pouvons utiliser commercialement ce produit.

_____

## EXERCICE 10    La confusion autour des compléments d'objet

**Récrivez les phrases suivantes de façon à respecter les compléments de chacun des verbes.**

**Ex.:**  À 16 h, vous rencontrerez et parlerez au directeur.
     À 16 h, vous rencontrerez _le directeur et lui parlerez._

1. D'après le chef du service, quelqu'un a pris et s'est servi de sa machine à écrire.

_____

_____

2. J'ai d'abord rêvé et ensuite réalisé cette maquette.

_____

_____

3. Elle s'intéresse énormément et, j'en suis sûr, apprécie à leur juste valeur les esprits pleins d'initiative.

_____

_____

4. Malgré les arguments convaincants présentés par Louise Laforce, le conseil a sévèrement critiqué et s'est opposé à cette prise de position.

_____

_____

5. Elle n'apprécie guère, mais elle s'est adaptée à ce milieu de travail.

_____

_____

6. Pourquoi le service a-t-il fait appel puis a refusé ce candidat?

_____

_____

7. On m'a dit que vous aviez appelé à plusieurs reprises et même écrit au chef de service.

_____

_____

8. Selon la vice-présidente, le comptable aurait essayé avec l'aide d'un informaticien et serait d'ailleurs parvenu à frauder l'entreprise.

_____

_____

# Leçon 11

## EXERCICE 1    L'accord des verbes pronominaux

**A)** **Dans les phrases suivantes, indiquez si les mots en italique sont compléments d'objet direct (COD) ou compléments d'objet indirect (COI). (*Consultez le tableau 11.*)**

1. La directrice de l'agence et le chef du service de marketing *se* rencontrent  ( _____ ) et *se* parlent ( _____ ) très franchement de leur désaccord.

2. Il est impossible de *nous* soustraire  ( _____ ) à des règles de conduite que nous *nous* donnons ( _____ ) nous-mêmes.

3. Vous *vous* nuisez  ( _____ ) en agissant de la sorte.

4. Ces ouvriers *se* coupent  ( _____ ) souvent *le doigt* ( _____ ).

5. Les deux actionnaires *se* promettent ( _____ ) de *se*  revoir ( _____ ).

6. Nos clients nous choisissent, car ils *se* disent ( _____ ) que la qualité vaut bien le prix.

7. Comme ils *se* donnent ( _____ ) tout entiers à la cause des jeunes, ils *se* demandent ( _____ ) comment faire pour inciter les employeurs à en embaucher.

**B)** **Récrivez au passé composé les phrases de l'exercice A. (*Consultez le tableau 11.*)**

1. _____

   _____

2. _____

   _____

3. _____

   _____

4. _____

   _____

5. _____

   _____

6. _____

   _____

7. _____

   _____

**C)** Dans les phrases suivantes, mettez les verbes entre parenthèses à la forme appropriée. (*Consultez le tableau 11.*)

1. La plupart des clients se sont _____ (montrer) satisfaits de notre service après-vente. Toutefois, certains se sont _____ (plaindre) d'erreurs répétées dans la facturation.

2. Les parties s'étaient _____ (entendre) au préalable sur les clauses du contrat. Lorsqu'elles se sont _____ (rencontrer) pour signer, les deux parties se sont _____ (déclarer) satisfaites de la transaction.

3. Les perspectives de l'entreprise se sont nettement _____ (améliorer) avec l'acquisition de la firme belge, et nos actionnaires s'en sont vite _____ (rendre compte).

4. Certains titres se sont _____ (vendre) nettement au-dessus de leur valeur alors que d'autres se sont _____ (effondrer).

5. On raconte que madame Tourmel et l'administratrice déléguée, mademoiselle Valar, se sont _____ (offrir) des vacances aux frais de l'entreprise et que la direction s'est _____ (apercevoir) de leur fraude.

6. Au cours de la rencontre, nous nous sommes _____ (dire) des choses qu'il vaudrait mieux oublier, mais de votre côté, vous vous êtes _____ (montrer) très méfiante.

7. Quand ils se sont _____ (téléphoner) le mois passé, ils se sont _____ (poser) des questions sur le bien-fondé de vos démarches, questions qui se sont _____ (révéler) pertinentes par la suite.

8. D'après la directrice, ils se sont _____ (arroger) de nouveaux titres, mais ils se sont bien _____ (abstenir) d'en informer le conseil.

9. Les cérémonies se sont _____ (succéder) toute la semaine à la grande satisfaction de nos visiteurs étrangers. Les contacts qui se sont _____ (créer) ces derniers jours seront bénéfiques pour tout le monde. Les délégués chinois se sont même _____ (faire) présenter en détail le projet Alux.

## EXERCICE 2    Les pronoms relatifs

**A)** Complétez les textes suivants à l'aide des pronoms relatifs appropriés (et de «ce» au besoin). Ajoutez une préposition s'il y a lieu. (*Consultez le tableau 17.*)

1. Tous les documents (1) _____ vous avez besoin sont classés par ordre alphabétique. Les dossiers (2) _____ la fiche est rose peuvent être empruntés une semaine. Quant aux livres à l'aide (3) _____ vous poursuivrez votre recherche, ils ne peuvent sortir du centre de documentation, (4) _____ nous

nous excusons. Nous ne pouvons pas vous offrir ce service, car le budget (5) _____ nous disposons au centre est nettement insuffisant. La directrice va lancer une campagne de financement, après (6) _____ nous informatiserons notre fichier.

2. Vous allez visiter la section (1) _____ nous fabriquons les meubles. Les clients (2) _____ nous travaillons peuvent venir voir nos modèles ici, à l'usine, (3) _____ est fort important, car les catalogues (4) _____ nos représentants font leurs visites ne sont pas assez détaillés. Notre objectif est de réaliser avec précision le modèle (5) _____ le client rêve. C'est d'ailleurs le slogan (6) _____ est basée notre campagne publicitaire. Tous nos clients peuvent rencontrer un de nos consultants (7) _____ ils définiront très exactement leurs besoins. Nous mettons à la disposition de nos clients un service unique (8) _____ ils sont particulièrement satisfaits.

**B) Complétez les phrases suivantes avec le pronom relatif approprié en ajoutant au besoin une préposition ou «ce». (*Consultez le tableau 17.*)**

Ex.: MEMORAX, la société _dont_ tout le monde parle en ce moment.

1. L'expérience _____ j'acquiers dans ce laboratoire me servira plus tard.

2. Notre entreprise a signé des ententes avec des firmes étrangères, _____ nous permettra de prendre de l'expansion à l'étranger.

3. Elle a travaillé à deux reprises en Allemagne _____ elle a acquis une formation spécialisée.

4. Tous vos articles sont en plastique solidifié, _____ vous ne nous aviez pas spécifié.

5. Les seuls modèles _____ on dispose en ce moment datent de l'année dernière.

6. Je vous prie de me faire parvenir le remboursement _____ j'estime avoir droit.

7. Cette entreprise d'ingénierie _____ le chiffre d'affaires dépasse un milliard est à l'avant-garde dans son domaine.

8. Ces objections majeures _____ vous ne prêtez pas attention remettent, à mon avis, tout le projet en question.

9. L'informaticien _____ je compte pour simplifier la gestion de l'entreprise a une excellente réputation.

10. Une recherche acharnée et une motivation constante, _____ il n'y a pas de progrès, nous ont permis d'atteindre nos objectifs.

11. Le parc industriel à côté _____ vous vous installerez couvre une superficie de 1200 hectares.

12. La formation du personnel, les avantages sociaux, les heures supplémentaires, voilà toutes les questions _____ le comité n'a pas trouvé de réponse.

**Mettez les verbes entre parenthèses au temps et au mode qui conviennent. N'oubliez pas les accords. (*Consultez le tableau 12.*)**

Monsieur,

Je vous prie de faire en sorte que votre service me rembourse dans les plus brefs délais le montant que je
_____ (verser) (1) en trop pour le paiement des taxes municipales
sur ma propriété sise au 5428, rue Dominique.

Je tiens à vous rappeler les faits tels que je vous les _____
(détailler) (2) lors de notre conversation téléphonique du 6 juillet. Le 12 avril, je vous _____
_____ (faire) (3) parvenir un chèque de 2548 $, montant exact de mes taxes municipales
pour l'année 1995. Or ce chèque _____ (devoir) (4) être de 1274 $.

_____ (s'agir) (5) en effet de mon second versement pour les taxes
municipales; le premier, de 1274 $, vous _____ (être envoyé) (6) le
18 février.

Lorsque je _____ (s'apercevoir) (7) de mon erreur au début du
mois de mai, je _____ (immédiatement appeler) (8) vos services.
Une employée me _____ (assurer) (9) qu'on _____
_____ (déjà relever) (10) l'erreur et qu'un remboursement me parviendrait dans les six
semaines. Je vous _____ (donc téléphoner) (11) le 6 juillet parce
que je _____ (ne rien recevoir encore) (12). Vous me _____
_____ (expliquer) (13) alors que votre système informatique _____
_____ (tomber) (14) en panne et que vous _____
(aller) (15) faire le nécessaire pour accélérer le remboursement.

Nous sommes le 30 juillet et rien ne semble _____ (être fait) (16).
La somme de 1274 $ placée aux taux actuels me _____ (rapporter)
(17) près de 30 $. Le retard de votre service est tout à fait inadmissible et me cause préjudice. J'exige donc
le règlement définitif de cette affaire et je compte recevoir par retour du courrier la somme qui m'est due.

Je vous remercie à l'avance et vous prie, Monsieur, de recevoir mes sincères salutations.

## Anglicismes

## EXERCICE 4    Les anglicismes orthographiques et sémantiques

**Trouvez les anglicismes et corrigez-les.**

Nous disposons en inventaire d'une ligne complète de modèles qui vous intéressera sûrement. Et, à la différence de nos concurrents, nous pouvons livrer votre commande en moins d'une semaine. Alors, n'hésitez pas! placez votre commande dès maintenant et inscrivez votre addresse en lettres moulées sur le coupon ci-joint.

_____

_____

_____

_____

_____

## EXERCICE 5    Les mots «facilité» et «régulier»

**A) Corrigez les phrases suivantes en remplaçant, s'il y a lieu, le mot «facilité» par le terme approprié.**

1.  Ce centre sportif offre de multiples facilités.          _____

2.  Veuillez nous communiquer vos facilités
    de paiement.                                             _____

3.  Si le projet est accepté, on construira de
    nouvelles facilités.                                     _____

4.  Le parc industriel sera pourvu de toutes les facilités
    avant juin.                                              _____

**Traduisez la phrase suivante:**

5.  We do not have the facilities for that type of production.

    _____

**B) Corrigez les phrases suivantes en remplaçant, s'il y a lieu, le mot «régulier» par le terme approprié.**

1.  Vous trouverez la liste de nos tarifs réguliers
    en annexe.                                               _____

2.  Nous offrons un service régulier d'autobus entre
    l'héliport et le centre-ville.                           _____

3. Veuillez m'envoyer le calendrier en
format régulier.

_____

4. On est obligé de réduire le personnel régulier
du secrétariat.

_____

## Vocabulaire

## EXERCICE 6    Le vocabulaire de la bourse et des valeurs mobilières (1)

**Complétez les définitions suivantes à l'aide du vocabulaire proposé.**

**Ex.:**   Une _action_ est un titre émis par une société et qui représente une participation ou
une part de propriété dans l'entreprise.

siège / obligation / courtage ou commission / portefeuille / capital-actions / bilan / prospectus /
dividende / négociateur ou commis en bourse / indice / offre publique / courtier / exercice financier /
bon du Trésor / option /

1. Un(e) _____ est une opération par laquelle une personne offre d'acquérir les titres

d'une société donnée, en vue de prendre ou de renforcer une position dominante dans la société.

2. Un(e) _____ est un droit qu'un agent de change perçoit sur l'achat ou la vente de

titres au nom d'un client.

3. Un(e) _____ est un employé d'une maison de courtage qui exécute les ordres d'achat

ou de vente sur le parquet de la bourse pour sa firme et les clients de cette dernière.

4. Un(e) _____ est la part des bénéfices annuels qu'une société distribue à ses action-

naires proportionnellement au nombre d'actions qu'ils détiennent.

5. Un(e) _____ est un document élaboré dans les formes requises par la loi et contenant

une série de renseignements relatifs à la gestion de la société dont les titres sont offerts en vente au
public.

6. Un(e) _____ est un ensemble de valeurs mobilières détenues par un particulier ou par

une institution.

7. Un(e) _____ est un titre de créance à court terme du gouvernement fédéral émis géné-

ralement en grosses coupures, qui est vendu principalement aux grands investisseurs institutionnels.

8. Un(e) _____ est constitué(e) de toutes les actions, privilégiées ou ordinaires, qui

représentent la propriété d'une société à responsabilité limitée.

9. Un(e) _____ est la période qu'une entreprise choisit pour l'établissement des

comptes d'exploitation et du bilan.

10. Un(e) _____ est le droit d'acheter ou de vendre des titres à un prix donné, pendant un

certain délai.

11. Un(e) _____ est une moyenne statistique qui permet d'évaluer la situation du marché boursier ou de l'économie et qui est basée sur la fluctuation du cours des actions.

12. Un(e) _____ est une personne qui sert d'intermédiaire entre les acheteurs et les vendeurs de valeurs mobilières. Elle agit généralement pour son propre compte.

13. Un(e) _____ est un titre de créance sur lequel l'émetteur promet de payer au détenteur un montant d'intérêt donné pendant une période déterminée et de rembourser le prêt à l'échéance.

14. Un(e) _____ est le droit qu'une firme ou une personne a acheté pour siéger à une bourse. Cela signifie qu'elle en est membre.

15. Un(e) _____ est un état résumé de la situation financière d'une entreprise qui indique la nature et le montant des éléments de l'actif, du passif et du capital de cette entreprise à une date donnée.

Source: Les définitions de cet exercice ainsi que du suivant viennent de l'ouvrage *Le placement: termes et définitions*, publié par l'Institut canadien des valeurs mobilières, 1980.

## EXERCICE 7   Les paronymes (1)

Mot voisin d'un autre par son orthographe ou sa prononciation, le paronyme peut être la cause d'une faute grave de vocabulaire.

**Complétez les phrases suivantes avec le mot approprié. Puis, donnez la définition de son paronyme.**

1. *conjecture / conjoncture*

   a) Le rapport précise qu'il faut profiter de la _____ actuelle pour développer nos infrastructures.

   b) _____

   _____

2. *importun / opportun*

   a) Nous avons considéré qu'il était _____ de remettre à plus tard notre demande de subvention.

   b) _____

   _____

3. *perpétrer / perpétuer*

   a) Il n'existe guère de maison commerciale qui _____ cette gestion de type paternaliste.

   b) _____

   _____

4. *recouvrir / recouvrer*

   a) Il se peut que sa volubilité ne fasse que _____ en réalité une grande timidité.

   b) _____

   _____

5. *officiel / officieux*

   a) Nous venons de recevoir une lettre _____ du ministère qui nous garantit une aide substantielle.

   b) _____

   _____

6. *résilier / résigner*

   a) Pour _____ vos fonctions, vous devez donner un préavis de six semaines.

   b) _____

   _____

## EXERCICE 8    Enrichissement lexical: les mots de la même famille (1)

**À l'aide du dictionnaire, distinguez le sens respectif des mots de même famille de la liste suivante.**

1. locataire : _____

   locateur : _____

2. commandité : _____

   commanditaire : _____

3. tireur : _____

   tiré : _____

4. mandataire : _____

   mandant : _____

5. donateur : _____

   donataire : _____

6. dépositaire : _____

   déposant : _____

7. franchisé : _____

   franchiseur : _____

8. cessionnaire : _____

   cédant : _____

## EXERCICE 9 Lourdeur ou équivoque attribuables à la place du pronom relatif

**Récrivez les phrases suivantes de façon à supprimer toute équivoque ou toute lourdeur. Faites les transformations nécessaires.**

**Ex.:** Mon comptable a trouvé une erreur dans vos états financiers que vous devrez corriger.
*Mon comptable a trouvé, dans vos états financiers, une erreur que vous devrez corriger.*

1. La direction imposera des règlements aux employés de bureau et aux ouvriers qui devront être respectés.

   _____

   _____

2. Ce nouveau procédé de fabrication inventé par l'ingénieur Martin dont vous avez pu constater l'efficacité sera exporté en Asie.

   _____

   _____

3. Les groupes d'employés non syndiqués dans les secteurs mous auxquels le gouvernement avait promis une aide s'organisent.

   _____

   _____

4. Beaucoup d'entreprises exigent une performance soutenue de la part de leurs cadres supérieurs et intermédiaires qui est rigoureusement évaluée.

   _____

   _____

5. Vous trouverez le dossier Robertson sur votre bureau que vous voudrez bien examiner attentivement.

   _____

   _____

6. Nous avons remarqué une erreur dans l'estimation des coûts de fabrication que vous ferez bien de corriger.

   _____

   _____

7. Les nouveaux barèmes de salaire, très favorables aux ouvriers les moins rémunérés, qui ont été proposés hier soir devraient être acceptés par le syndicat.

   _____

   _____

8.  Je cherche une gamme de tissus un peu plus riche, dans les mêmes qualités ou dans des qualités voisines, que nous pourrions proposer ce printemps à notre clientèle.

_____

_____

## EXERCICE 10     L'énumération

Le recours à l'énumération est très fréquent dans les documents commerciaux ou administratifs. Malheureusement, la logique et la cohérence ne sont pas toujours respectées. En effet, les éléments associés doivent être de même nature et se présenter sous la même forme grammaticale. Dans le cas des énumérations verticales, on met un point-virgule à la fin de chaque partie et un point final à la fin.

**Trouvez les erreurs dans les énumérations suivantes et corrigez-les.**

Ex.:  Pourriez-vous me donner des renseignements sur: le prix des terrains,
quels sont les impôts fonciers, me renseigner aussi sur la qualité de la main-d'œuvre.
*Pourriez-vous me donner des renseignements sur: le prix des terrains, la nature des impôts fonciers,*
*la qualité de la main-d'œuvre.*

1.  Intérêts divers: j'aime beaucoup la musique, le chant, pratiquer des sports aquatiques, et l'hiver, c'est le ski alpin et la raquette.

_____

_____

2.  Beaucoup d'entreprises reprochent à l'université que son travail se fait trop souvent en vase clos, de favoriser l'abstraction au détriment des approches pratiques, son parti pris peu favorable envers le monde des affaires, le défaut d'avoir une structure administrative très lourde.

_____

_____

_____

3.  Les biens et les dettes se calculent à partir des éléments suivants:

    a)  Titres négociables;
    b)  Les comptes clients qui sont des sommes à encaisser après déduction;
    c)  Tous les stocks;
    d)  Installations et le matériel.

_____

_____

_____

_____

4. La direction de l'entreprise considère que le contrôle interne est le plus important de tous les objectifs. Il consiste à:

   a) protéger les biens de l'entreprise,
   b) contrôle de la rentabilité et réduction des coûts,
   c) la fiabilité des livres et documents comptables,
   d) s'acquitter des obligations imposées par la loi.

   _____

   _____

   _____

   _____

5. Les publicitaires savent que pour rejoindre les gens il faut toucher leurs cordes sensibles. J. Bouchard a relevé un certain nombre de valeurs québécoises types comme: les valeurs terriennes (le bon sens, aimer la nature, une grande habileté manuelle, etc.) ou le côté latin (la joie de vivre, beaucoup de sentimentalité, un certain talent artistique, être instinctif, et toujours le besoin de paraître).

   _____

   _____

   _____

   _____

6. L'équipement doit être sécuritaire. Il faudra donc déterminer s'il:

   1. oblige l'opérateur à des mouvements susceptibles de causer des blessures
   2. le matériel requiert un entretien spécial
   3. vérifier si le matériel nécessite l'emploi de vêtements spéciaux

   _____

   _____

   _____

# Leçon 12

## Grammaire

## EXERCICE 1    Les accords des verbes et des participes passés employés comme adjectifs

Dans le texte suivant, faites les accords nécessaires et justifiez-les. (*Consultez les tableaux 9, 10, 11.*)

### L'investisseur et son courtier

N'étant pas formé _____ (1) à la même école, les courtiers n'ont pas tous les mêmes objectifs ni les mêmes stratégies. Il n'est pas toujours facile pour l'épargnant de dénicher le courtier qui réponde parfaitement à ses exigences. Toutefois, pour autant que ses objectifs soient clairement établi _____ (2), l'épargnant peut trouver le conseiller qu'il lui faut.

Pour atteindre les objectifs qu'il s'est fixé _____ (3), l'épargnant doit adopter une attitude réaliste. Le courtier gérera le portefeuille de son client une fois que les objectifs de celui-ci, ses préférences et les risques qu'il est prêt _____ (4) à courir auront été clairement défini _____ (5). Les stratégies qui seront retenu _____ (6) par le courtier dépendront en grande partie de cette première étape. Ainsi, il faudra déterminer les avantages fiscaux qu'on pourra tirer du portefeuille. Question très importante, car la gestion d'un portefeuille est directement lié _____ (7) à la fiscalité. On peut réduire considérablement les sommes versé _____ (8) chaque année au fisc en utilisant adéquatement les abris fiscaux que les gouvernements ont créé _____ (9) depuis quelques années.

En général, une évaluation du portefeuille doit être fait _____ (10) au moins quatre fois par année. Certains détenteurs vérifient quotidiennement le rendement des actions qu'ils ont acquis _____ (11), ce qui n'est absolument pas nécessaire surtout si les sommes investi _____ (12) sont modestes. L'erreur du néophyte, c'est de croire qu'il est possible de doubler et de tripler rapidement son capital sans courir le risque de perdre les épargnes accumulé _____ (13). Le rendement et les gains d'un portefeuille doivent être évalué _____ (14) en relation directe avec le taux d'imposition de l'investisseur. Lorsque le détenteur évalue les résultats du portefeuille confié _____ (15) à son courtier, il doit mettre en parallèle les bénéfices obtenu _____ (16) après impôt avec ceux qu'il aurait réalisé _____ (17) auprès d'une banque, d'une société de fiducie ou d'un fonds commun de placement. Les revenus de dividendes sont nettement moins imposé _____ (18) que les revenus en intérêts.

Acheter des actions ne doit en aucun cas être considéré _____ (19) comme une opération de routine. Certains investisseurs, emporté _____ (20) par la popularité de quelques titres, sont vite devenu _____ (21) des spéculateurs avides de gains à très court terme. La prudence commande que l'investisseur se porte acquéreur d'actions qui peuvent être revendu _____ (22). Les jeunes entreprises à forte croissance n'offrent pas nécessairement les garanties recherché _____ (23). Quand la bourse traverse une mauvaise période, les actions accusant rapidement une forte baisse sont souvent celles qui ont été émis _____ (24) par de nouvelles entreprises qui ont lancé _____ (25) des produits encore mal connu _____ (26). Les risques peuvent être diminué _____ (27) par la diversification du portefeuille. Les valeurs de choix sont émis _____ (28) par des sociétés dont la réputation est bien établi _____ (29). Les choix de placement de l'investisseur et de son courtier doivent être basé _____ (30) avant tout sur la prudence et le bon sens.

## EXERCICE 2 «Leur»: pronom personnel ou adjectif possessif

**Complétez les deux textes suivants à l'aide de «leur». Dites s'il s'agit du pronom personnel ou de l'adjectif possessif. Dans ce dernier cas, n'oubliez pas les accords.**

A) Chaque été, des milliers de jeunes mettent à votre disposition _____ (1) talents, _____ (2) connaissances, _____ (3) ingéniosité. Tout en tirant profit de _____ (4) énergie et de _____ (5) enthousiasme, vous _____ (6) rendez un fier service en _____ (7) permettant d'acquérir une précieuse expérience du marché du travail.

B) Horizon et Repère sont deux organismes tout à fait démocratiques. Au cours des assemblées générales, les membres élisent _____ (1) représentants auprès des diverses instances et définissent _____ (2) positions sur les sujets importants. On _____ (3) reconnaît en général un engagement remarquable, mais quand on _____ (4) rappelle _____ (5) lacunes dans l'administration et _____ (6) manque de planification à long terme, il _____ (7) arrive de réagir très négativement.

## EXERCICE 3 — Les différentes formes du mot «tout», adjectif et adverbe

**Complétez les phrases suivantes à l'aide du mot «tout», après en avoir déterminé la nature: adjectif (ADJ) ou adverbe (ADV). Faites les accords qui s'imposent. (*Consultez le tableau 16.*)**

1. Ces articles sont _____ abîmés.

2. S'engager dans l'exportation, c'est une _____ autre affaire!

3. Le directeur adjoint a confiance en elle, malgré _____ les erreurs qu'elle a commises. C'est _____ à son honneur!

4. Le nouveau système de sécurité assure une surveillance de _____ les instants.

5. La direction est _____ disposée à revoir votre contrat.

6. Il exige que nous fassions ce travail _____ autrement. De _____ façon, nous savons qu'il n'en sera pas satisfait.

7. L'avantage des livres, c'est qu'il y en a pour _____ les goûts et _____ les bourses, dans _____ les domaines et en _____ saisons.

8. Ne croyez pas _____ ce que la publicité raconte au sujet de ces logiciels. La vérité est _____ autre.

9. Veuillez nous communiquer _____ les renseignements que vous jugerez utiles.

10. Afin de répondre à vos besoins sans cesse croissants, nous venons d'ouvrir un _____ nouveau bureau dans la région de Montréal.

## Anglicismes

## EXERCICE 4 — Les anglicismes dans la terminologie des valeurs mobilières

**Corrigez les anglicismes dans les phrases suivantes.**

1. Les financiers anticipent une reprise du marché.

   _____

2. Monsieur Robinson achète régulièrement des parts sur les marchés nationaux et internationaux parce qu'il aime prendre des chances.

   _____

   _____

3. Avant de songer à investir dans un fonds mutuel, il importe que vous disposiez des argents nécessaires.

_____

_____

4. Voici la copie des cotations boursières que vous m'avez demandée. J'y ai joint une liste des courtiers enregistrés à la Bourse de Montréal.

_____

_____

5. Il s'est fié sur les informations de son courtier pour se porter acquéreur d'actions préférentielles de la nouvelle société.

_____

_____

6. La globalisation des marchés a obligé cette société incorporée à modifier ses plans et à s'ajuster. Elle envisage l'émission d'obligations hypothécaires pour augmenter ses actifs.

_____

_____

## EXERCICE 5     Les verbes «affecter» et «impliquer»

**Corrigez les phrases suivantes s'il y a lieu.**

1. Ce règlement affecte tous les employés du siège social.     _____

2. Il a réussi à se faire affecter au service administratif de la ville.     _____

3. Les crédits affectés à la prévention sont considérables.     _____

4. L'achat de l'entreprise implique d'énormes capitaux.     _____

5. Auriez-vous le nom des employés impliqués par ces mesures?     _____

## Vocabulaire

## EXERCICE 6     Le vocabulaire de la bourse et des valeurs mobilières (2)

**Distinguez clairement le sens des éléments des couples suivants.**

**Ex.:**     actif     /     passif

*L'actif est tout ce qui appartient à une société et tout ce qu'on lui doit tandis que le passif est constitué de toutes ses dettes.*

1.     action ordinaire     /     action privilégiée

_____

_____

2.     titre au porteur     /     titre nominatif

_____

_____

3.     baissier     /     haussier

_____

_____

4.     ordre à cours limité     /     ordre au marché ou au mieux

_____

_____

5.     politique fiscale     /     politique monétaire

_____

_____

6.     un investisseur     /     un spéculateur

_____

_____

## EXERCICE 7     Les paronymes (2)

**Complétez les phrases suivantes avec le mot approprié. Puis, donnez la définition de son paronyme.**

1. *avènement / événement*

    a)   Dans le domaine économique, l'_____ le plus marquant de l'année est sans aucun doute la faillite de Massonite.

b) _____

2. *cohésion / cohérence*

   a) Des intérêts économiques convergents assurent la _____ du groupe dans ce dossier.

   b) _____

   _____

3. *prolongation / prolongement*

   a) Il me semble que le(a) _____ des études de faisabilité n'est pas souhaitable.

   b) _____

   _____

4. *éminent / imminent*

   a) Elle a rendu d' _____ services à la communauté des affaires lorsqu'elle était présidente de la Chambre de commerce.

   b) _____

   _____

5. *gradation / graduation*

   a) Le produit se transforme par une _____ extrêmement précise en une substance très épaisse.

   b) _____

   _____

6. *liminaires / préliminaires*

   a) Si l'on veut en arriver à un accord avant la fin de l'année, il faut abréger les _____ de la négociation.

   b) _____

   _____

## EXERCICE 8    Enrichissement lexical: les mots de la même famille (2)

**À l'aide du dictionnaire, complétez les listes suivantes avec le verbe ou le substantif approprié puis donnez la définition la plus précise possible de chaque terme. Attention, dans certains cas, plusieurs réponses sont possibles.**

|  | *substantif* | *verbe* |
|---|---|---|
| **Ex.:** | une notice | *notifier* _____ |
| 1. | une fraude | _____ |
| 2. | le stock | _____ |

3. _____ (2)     tirer (un chèque)

   _____

4. un expert                          _____

5. _____          reporter

6. le troc                            _____

7. le nantissement                    _____

8. _____ (3)      mandater

   _____

   _____

9. un encart                          _____

10. un étalage                        _____

11. _____ (2)     affréter

    _____

12. _____ (2)     acquitter (une dette)

    _____

13. _____          avaliser

14. _____ (2)     contracter

    _____

15. un sursis                         _____

16. _____          scinder

## Stylistique

## EXERCICE 9     Les conjonctions de coordination

**Dans chacune des phrases suivantes, réunissez les deux propositions indépendantes par une conjonction de coordination et précisez le rapport que ces conjonctions indiquent: la cause, la conséquence, l'addition, l'opposition ou la restriction. (*Consultez le tableau 18.*)**

**Ex.:** On m'a dit beaucoup de bien de cet entrepreneur, *aussi* je lui ai accordé ce contrat.
Rapport: *conséquence*

1. Je négocierai, _____ ne céderai pas sur l'essentiel.

   Rapport: _____

2. Nous ne changerons pas l'équipement de bureau, _____ cela représente un investissement trop élevé.

   Rapport: _____

3. Vous remplissez les formulaires _____ vous les soumettez au comité.

   Rapport: _____

4. Elle est avocate, _____ elle connaît la procédure.

   Rapport: _____

5. En tant que représentant syndical, je ne veux _____ ne peux laisser cet état de fait ignoré de nos membres.

   Rapport: _____

6. Votre visite me surprend, _____ je vous croyais en voyage.

   Rapport: _____

7. La coordonnatrice a finalement accepté votre proposition, _____ elle pose deux conditions importantes.

   Rapport: _____

8. Pourriez-vous passer au siège social _____ me ramener le dossier Martic?

   Rapport: _____

9. C'est une directrice très exigeante, _____ il faut que votre travail soit parfait.

   Rapport: _____

10. Il a soutenu la politique sociale du gouvernement, _____ il a violemment critiqué ses mesures protectionnistes.

   Rapport: _____

## EXERCICE 10     La subordonnée participe

Le sujet sous-entendu du participe doit être le même que celui de la proposition principale. Les phrases suivantes sont incorrectes parce qu'elles ne respectent pas cette règle.

**Récrivez les phrases suivantes de façon à rétablir la cohérence entre la proposition subordonnée et la principale.**

**Ex.:**   Espérant une prompte réponse, veuillez agréer mes cordiales salutations.
   _Espérant_ une prompte réponse, _je vous prie_ d'agréer...

1. Étant parfaitement bilingue, la société m'a envoyée dans une succursale de l'ouest pendant un an.

   _____

   _____

2. En louant les biens d'équipement, la marge de crédit de l'entreprise restera suffisante pour d'autres investissements.

_____

_____

3. En refusant les dernières propositions patronales, l'objectif du syndicat est de forcer la direction à accepter la médiation.

_____

_____

4. Étant employée à plein temps dans cette entreprise, le mieux pour moi serait de suivre des cours du soir.

_____

_____

5. En n'abordant pas sérieusement la question de la rentabilité, l'impact de cette étude sur le milieu des affaires est moindre.

_____

_____

6. En investissant dans cette campagne publicitaire, l'objectif de notre concurrent est d'accaparer une part de notre marché traditionnel.

_____

_____

7. Regrettant de ne pas être en mesure de vous donner une réponse favorable, veuillez croire à nos meilleurs sentiments.

_____

_____

8. Ayant acquis une solide expertise dans ce domaine, certains marchés étrangers devraient être accessibles à notre entreprise.

_____

_____

# Leçon 13

## EXERCICE 1    Le présent et le passé du subjonctif

**A)** **Dans les phrases suivantes, mettez les verbes entre parenthèses au subjonctif, en respectant les règles de concordance des temps. (*Consultez le tableau 12.*)**

1. Nous demandons que vous nous _____ (faire) parvenir une réponse rapide afin que nous _____ (pouvoir) expédier votre commande avant la date promise.

2. Nous sommes heureux que vous _____ (venir), mardi dernier, à notre réunion du comité de formation et que vous _____ (approuver) nos résolutions. Au fait, con-naîtriez-vous quelqu'un qui _____ (vouloir) nous aider à élaborer un programme efficace de formation professionnelle ?

3. Quand le directeur négocie un nouveau contrat, sa secrétaire doit passer des journées avec lui sans qu'il _____ (dire) un mot. Je suis étonné qu'elle _____ (savoir) interpréter ses gestes, qu'elle _____ (parvenir) à le comprendre  et qu'elle ne _____ (se plaindre) jamais.

**B)** **Écrivez les verbes entre parenthèses à la forme qui convient, et ajoutez le *ne* explétif le cas échéant.**

Pour que le fonctionnement de notre prochain Sommet francophone _____ (être) (1) optimal, il faut que le président _____ (avoir) (2) beaucoup de qualités. Lesquelles? Réfléchissons un peu...

Il faut d'abord que le président _____ (maîtriser) (3) bien le français de sorte qu'il _____ (pouvoir) (4) reformuler les propositions des délégués. Il est ensuite indispen-sable que la personne élue à cette fonction _____ (faire) (5) preuve à la fois de fermeté, de courtoisie, de charisme et d'un bon sens de l'humour, et qu'elle _____ (jouir) (6) du respect de toute l'assemblée. Nous avons en outre besoin d'un président qui _____ (déjà acquérir) (7) de l'expérience dans la conduite des réunions. Il est donc préférable qu'il _____ (participer) (8) à d'autres conférences, que ce soit à l'échelle nationale ou inter-nationale. De peur qu'un président inexpérimenté _____ (faillir) (9) à la tâche, nous refuserons la candidature de tout néophyte dans ce domaine, à moins qu'il _____ (prouver) (10) clairement qu'il a les qualités requises. Finalement nous cherchons une personne qui

_____ (faire) (11) des études en droit, en économie ou en relations internationales.

Que celui ou celle qui se reconnaît _____ (venir) (12) immédiatement nous rencontrer, avant qu'il _____ (être) (13) trop tard!

## EXERCICE 2    Le mot «tout»

**Dans le texte suivant, orthographiez correctement le mot «tout» et indiquez sa nature: adjectif (ADJ), adverbe (ADV), pronom (PN) ou nom (N). (*Consultez le tableau 16.*)**

### Voyez en grand!

Le Magiel 88CX est le *tout* (1) _____ premier téléviseur du monde à tube-écran cathodique de 38 pouces. *Tout* (2) _____ nos concurrents en sont jaloux, mais il revenait à Magiel de le créer car notre effort technologique constitue sur *tout* (3) _____ les plans notre plus grande fierté. Ceux qui ont essayé notre téléviseur se sont *tout* (4) _____ déclarés enchantés, vantant *tout* (5) _____ les qualités de l'appareil et son incomparable finition extérieure. Dans un appareil de ce calibre, on s'attend évidemment à des avantages et à des possibilités de *tout* (6) _____ premier ordre. *Tout* (7) _____ y est pensé, comme il se doit. Un filtre unique assure la définition et la netteté de l'image. Les fonctions, et il en a 45 en *tout* (8) _____, sont télécommandées. Les réglages de couleur, de teinte et de brillance s'affichent *tout* (9) _____ à l'écran. Plus une foule de caractéristiques de pointe. Le *tout* (10) _____ constitue le téléviseur le plus performant de sa génération. Il est sûr que nos concurrents voudront essayer à *tout* (11) _____ prix de nous imiter; mais cela c'est une *tout* (12) _____ autre histoire. *Tout* (13) _____ ce que nous pouvons leur dire, c'est «bonne chance!»

## EXERCICE 3    Les prépositions «à» et «de»

A) **Monsieur Séguin est depuis quelques semaines directeur général de la firme La boutique des services financiers. Il s'est récemment rendu compte que la gestion des ressources humaines souffrait de graves problèmes et a décidé d'élaborer une nouvelle répartition des tâches visant à rendre ce service plus efficace. Aidez-le à établir clairement ce que les directeurs de l'entreprise auront à faire, en complétant les phrases suivantes avec la préposition «à» ou «de», si nécessaire.**

1.  Il faudra décider _____ le directeur de la formation _____ analyser les besoins de perfectionnement.

2.  Je devrai obliger _____ le directeur du recrutement _____ vérifier les références.

3. Il faudrait demander _____ le directeur des relations de travail _____ réviser ses politiques.

4. Je devrai forcer _____ le directeur de la planification _____ rédiger les définitions de fonctions.

5. Il faudrait aussi dire _____ le directeur de l'évaluation _____ élaborer un programme d'évaluation du rendement.

6. Il faudra proposer _____ le directeur de la rémunération _____ établir une échelle salariale.

---

Quand un verbe avec préposition a plusieurs infinitifs comme compléments, il faut s'assurer que ces derniers soient toujours introduits par la même préposition.

---

**B) Corrigez les phrases suivantes en vérifiant l'emploi des prépositions introduisant les infinitifs.**

**Ex.:** Il est recommandé _de_ lire toutes les clauses avec précaution et _de_ ne signer qu'à bon escient.

1. Il appartient au destinataire de faire la preuve du préjudice subi et à demander au transporteur des dommages et intérêts.

_____

2. La Chambre de commerce a pour objectif de servir les intérêts de ses membres et à contribuer au développement économique de la région.

_____

3. Notre travail consistait à aider les nouveaux membres qui voulaient participer et de s'assurer qu'ils suivent les cours de formation.

_____

4. Cette société étatique a pour mandat d'offrir un service à la population, mais également à acquérir une expertise dans le domaine du transport en commun.

_____

5. Nous sommes prêts à vous accorder les facilités de paiement que vous demandez en raison de l'excellente réputation de votre maison et d'expédier les marchandises selon vos instructions.

_____

6. Grâce à un contrôle sévère de nos coûts d'exploitation, nous sommes en mesure de lancer ces produits à des prix très bas et ainsi à faire face à la concurrence étrangère.

_____

7. Si nous nous sommes décidés à financer des recherches sur l'impact de cette future usine sur l'environnement et de créer un comité *ad hoc* pour cette question, c'est parce que nous croyons à notre responsabilité sociale.

_____

## Anglicismes

## EXERCICE 4    Les anglicismes sémantiques

**Dans les textes suivants, trouvez les anglicismes et corrigez-les.**

A) Les deux frères ont parti leur premier commerce il y a 22 ans. Ils ont maintenant 43 supermarchés à travers le pays. En 1995, leur bénéfice clair s'est élevé à 12 millions. C'est une performance remarquable, d'autant plus qu'ils offrent à leurs employés les meilleurs salaires de l'industrie et des bénéfices marginaux très avantageux.

_____

_____

_____

_____

_____

B) Je comprends que vous avez revu certaines spécifications du contrat avec vos collaborateurs. Je tiens à vous rappeler que les clauses sur lesquelles nous nous sommes mis d'accord ne peuvent être modifiées. Par ailleurs, il est bien entendu que vous distribuerez nos articles sur le marché domestique seulement.

_____

_____

_____

_____

**Corrigez les phrases suivantes en remplaçant le mot «item» par le terme approprié.**

1. Nous n'avons pas cet (item) _____ en stock.

2. Nous reviendrons plus tard sur cet (item) _____.

3. Vous ne couvrirez pas tous les (items) _____ à l'ordre du jour.

4. Notre comptable vous remettra les (items) _____ des dépenses.

**Traduisez les phrases suivantes.**

5. Please send us the following items.

   _____

6. List the items in the budget.

   _____

7. This item does not appear in our book.

   _____


**Vocabulaire**


**EXERCICE 6**  Les ressources humaines

**Trouvez dans la liste ci-dessous les expressions qui correspondent aux définitions proposées.**

essaimage (séparation négociée) / rémunération / cadres / gestion des ressources humaines / communication interne / cadres supérieurs / délégué syndical / grève / masse salariale / cadres moyens (ou cadres d'exécution) / formation / effectifs /

1. Rétribution reçue en contrepartie d'un
   travail fourni.                                          _____

2. Salariés exerçant des fonctions en relation directe
   avec la gestion générale de l'entreprise.               _____

3. Interlocuteur, représentant les adhérents syndiqués,
   auprès du chef d'entreprise.                            _____

4. Frais de personnel: salaires bruts, primes et indemnités,
   cotisations sociales, congés payés, prestations sociales
   directes, impôts et taxes.                              _____

5. Salariés assurant la mise en application des décisions prises par la direction. _____

6. Nombre de personnes employées par une entreprise. _____

7. Manifestation ultime des conflits du travail déclarés. _____

8. Fonction d'entreprise qui vise à obtenir une adéquation efficace et maintenue dans le temps entre ses salariés et ses emplois, en terme d'effectifs et de qualification. _____

9. Communication dans l'entreprise qui se préoccupe de contribuer à la constitution d'un langage commun, de mettre les employés en relation les uns avec les autres et de leur diffuser des informations pertinentes. _____

10. Action susceptible de générer des améliorations de performance individuelle et collective. _____

11. Employeur encourageant ses employés à créer une entreprise par un soutien technologique, logistique, etc. et souvent par l'octroi d'une aide financière. _____

12. Salarié exerçant une fonction de commandement, de contrôle ou de direction dans une entreprise. _____

Source: adapté de Jean-Marc Legall, *La gestion des ressources humaines*, Paris, PUF, 1992, p. 5, 39, 46, 51, 95, 104, 117 et du *Grand dictionnaire encyclopédique Larousse*, Paris, Librairie Larousse, 1982, tome II, p. 1640; tome IX, p. 9854.

# EXERCICE 7    Les antonymes

**A)** **Trouvez l'antonyme de chacun des mots suivants en y ajoutant un préfixe.**

**Ex.:**  entente: *mésentente*

1. légal: _____
2. mobilier: _____
3. semblable: _____
4. licite: _____
5. recouvrable: _____
6. marquage: _____
7. crédit: _____
8. partial: _____
9. compte: _____
10. productif: _____
11. rachetable: _____
12. payé: _____
13. cacheter: _____
14. apte: _____
15. aliénable: _____
16. courtois: _____
17. inflammable: _____
18. parité: _____
19. équité: _____
20. indication: _____
21. convenir: _____
22. bien juger: _____
23. thèse: _____
24. exigible: _____

**B) Trouvez un antonyme pour chacun des noms, verbes et adjectifs suivants.**

Ex.: un dépensier / *un économe*

*Les noms*

1. le créancier /_____

2. la demande /_____

3. le tireur /_____

4. la concurrence /_____

5. le successeur /_____

6. l'inflation /_____

7. l'expéditeur /_____

8. l'emprunt /_____

9. le plaignant /_____

10. l'absentéisme /_____

11. le baissier /_____

12. le consensus /_____

*Les verbes*

1. confirmer /_____

2. postdater /_____

3. proroger /_____

4. accréditer /_____

5. embaucher /_____

6. exonérer /_____

*Les adjectifs*

1. rétrospectif /_____

2. antécédent /_____

3. réciproque /_____

4. jours ouvrables /_____

5. a priori /_____

6. antérieur /_____

# EXERCICE 8    Enrichissement lexical: les locutions

Les locutions (adverbiales, conjonctives, prépositives) sont des groupes de mots qui servent principalement de charnière.

**Trouvez des expressions équivalentes ou connexes aux locutions en italique dans les phrases suivantes. (*Consultez le tableau 6.*)**

Ex.: Il est à noter *avant tout* que la nouvelle a été bien accueillie.
*au préalable, tout d'abord, en tout premier lieu*

1. Parmi les qualités de cet appareil, mentionnons *surtout* sa légèreté et son format compact.

   _____

2. Ce stage aura *sans doute* lieu du 1ᵉʳ au 14 octobre.

   _____

3. Il semble *en effet* que les clients se soient plaints à plusieurs reprises.

   _____

4. La solution que vous proposez est *assurément* la meilleure.

_____

5. Je crois qu'il serait mieux *en la circonstance* de régler ce différend à l'amiable.

_____

6. *D'un autre côté*, nous sommes conscients de la situation délicate dans laquelle vous vous trouvez.

_____

7. Cette année, madame Miadopoulos est la coordonnatrice du projet Formation; *en outre*, elle présidera le comité sur l'évaluation.

_____

8. Je serais désireux d'acquérir ces articles avant le mois de juin. *Toutefois*, avant de passer une commande ferme, je vous serais obligé de me faire connaître leur composition exacte.

_____

9. *D'après* les règlements internes de l'entreprise, aucun employé ne peut se servir de ces appareils pour son usage personnel.

_____

10. Ces mesures qui, *somme toute*, étaient inévitables nous ont permis d'éviter le pire.

_____

11. *À l'encontre de* Me Papazian, je pense que nous devrions offrir un dédommagement substantiel au client.

_____

12. *Autrement dit*, sans spécialisation, j'ai peu de chances de trouver un emploi rémunérateur dans ce domaine.

_____

13. Ce travail exige une connaissance approfondie des rouages administratifs. *À cet égard*, vous pouvez compter sur mon aide.

_____

14. L'architecte vous donnera ses directives *à propos des* modifications qui ont été apportées au plan.

_____

## EXERCICE 9    Les conjonctions de subordination et le rapport qu'elles indiquent

**Dans les phrases suivantes, chaque conjonction de subordination indique un rapport particulier (la cause, le but, la concession ou l'opposition, la condition ou la supposition, le temps, la comparaison, la simultanéité).**

**Précisez ce rapport et proposez une conjonction équivalente à celle qui est donnée.**
(*Consultez le tableau 18.*)

**Ex.:**    L'une a gagné beaucoup d'argent à la bourse, alors que l'autre a tout perdu.
Rapport: *l'opposition*                              Conjonction:    *tandis que*

1.  Nous vous soutiendrons dans votre entreprise pourvu que vous obteniez l'appui des organismes sociaux.

    Rapport: _____          Conjonction: _____

2.  J'en prends la responsabilité comme mon prédécesseur l'avait fait il y a quelques années.

    Rapport: _____          Conjonction: _____

3.  Ne remettez pas à demain ce que vous pouvez faire aujourd'hui pour que le temps ne vous fasse jamais défaut.

    Rapport: _____          Conjonction: _____

4.  Elle a fait ses preuves sur le terrain si bien que nous devons maintenant lui laisser une totale liberté.

    Rapport: _____          Conjonction: _____

5.  Je soutiendrai votre projet encore que vous n'en ayez pas suffisamment préparé les aspects techniques.

    Rapport: _____          Conjonction: _____

6.  Au Québec, les femmes ont vraiment pu participer à la vie politique quand elles ont obtenu le droit de vote en avril 1940.

    Rapport: _____          Conjonction: _____

7.  Bien que ces documents soient censés être confidentiels, on peut se les procurer assez facilement.

    Rapport: _____          Conjonction: _____

8.  Vous pourrez louer ces locaux dès que Plastiques Fab. inc. déménagera.

    Rapport: _____          Conjonction: _____

9. Ma patronne, parce qu'elle se montre patiente et compréhensive, est très appréciée auprès des employés.

Rapport: _____ Conjonction: _____

10. La direction a pris des mesures de sorte que ces fuites ne se sont plus reproduites.

Rapport: _____ Conjonction: _____

## EXERCICE 10  Révision des formules épistolaires: les lettres de la leçon 3

**Construisez une phrase avec chacun des groupes de mots suivants en respectant leur ordre.**

1. recevoir / catalogue / lampe de bureau / information / modalités de paiement /

_____

_____

_____

2. apprendre / mettre sur pied / projet / aider / dirigeant des PME / et / avoir / information / service / offrir /

_____

_____

_____

3. lettre / retenir / attention / s'empresser / répondre / demande /

_____

_____

_____

4. informer / se porter acquéreur / entrepôt / être un des locataires /

_____

_____

_____

5. étant donné / succursale / ouvrir bientôt / apprécier / réponse /

_____

_____

_____

# Leçon 14

## EXERCICE 1    Le subjonctif ou l'indicatif

**Dans les phrases suivantes, mettez les verbes entre parenthèses au mode et au temps qui conviennent. N'oubliez pas les accords. (*Consultez le tableau 12.*)**

1. Nous croyons que nos clients (être renseigné) _____ et qu'ils (savoir) _____ où s'adresser.

2. Je ne crois pas qu'on (prendre) _____ les précautions nécessaires pour éviter tout risque d'accident.

3. Pour que nous (agir) _____ dans ce sens, il faut que nous (être convaincu) _____ de la rentabilité de cet investissement.

4. La banque a exigé contre son prêt que toute la machinerie (être déposé) _____ en garantie.

5. Il espérait que les stages (être) _____ mieux structurés.

6. Nous sommes fiers que vous (réussir) _____ au cours de ces derniers mois à redresser la situation financière.

7. Il me semble que vous (ne pas apporter) _____ tous vos soins dans l'exécution de notre commande.

8. Qu'il (s'agir) _____ de robotique ou de production assistée par ordinateur, il semble que l'industrie (ne plus pouvoir) _____ ignorer ces technologies si elle veut demeurer compétitive.

9. Notre ordinateur est doté d'un nouvel écran, l'un des plus lisibles qui (être) _____.

10. Cette mesure risque de devenir à ce point impopulaire que le ministre (être tenté) _____ de la reporter aux calendes grecques.

# EXERCICE 2    Les adjectifs indéfinis et les adverbes

**A)** Indiquez si les mots entre parenthèses sont des adjectifs (ADJ) ou des adverbes (ADV) puis faites les accords nécessaires. (*Consultez les tableaux 15, 16.*)

1. (Quel) _____ que soit la saison, nous pouvons vous approvisionner en fruits de (tout) _____ sortes, (tel)
   _____ les mangues, les fruits de la passion, les goyaves, les
   papayes, etc. Nos produits sont la fraîcheur et le suc (même) _____
   _____.

2. Ne modifiez pas ces affiches, laissez-les (tel quel) _____.
   Leur composition, leurs couleurs, leur lettrage, leurs proportions (même) _____
   _____, le tout s'harmonise parfaitement avec notre thème.

3. Il y a (quelque) _____ 20 ans, il était difficile de recruter des
   cadres francophones compétents dans ce domaine. De nos jours, la province est (tout)
   _____ fière d'offrir aux investisseurs étrangers non seule-
   ment une main-d'œuvre compétente, mais parmi les meilleurs spécialistes du monde. (Même)
   _____ l'Allemagne et la France n'en ont pas de (tel)
   _____.

**B)** Dans les petits textes suivants, indiquez si les mots entre parenthèses sont des adjectifs (ADJ) ou des adverbes (ADV) et faites les accords nécessaires. (*Consultez les tableaux 15, 16.*)

1. (Quel) _____ que soient vos besoins, nous sommes en
   mesure d'y répondre en (tout) _____ occasion. Il suffit de
   nous téléphoner à n'importe (quel) _____ heure, (même)
   _____ pendant la nuit; nous nous ferons un plaisir de vous
   servir selon les (même) _____ principes qui ont établi notre
   enviable réputation.

2. Le conseil d'administration a finalement accepté vos recommandations (tel quel)
   _____. Pourtant, vos adversaires avaient toujours une rai-
   son (quelconque) _____ pour s'y opposer. Le débat a été
   (tel) _____ qu'il a fallu près de deux heures pour que les
   administrateurs, (tout) _____ surpris, en arrivent à un consensus. Sans doute ne voulaient-ils pas, (même) _____ fati-
   gués et pressés par le temps, se quitter sans avoir réglé cette question.

3. (Quelque) _____ dynamique que soit votre campagne, elle
   ne réussira pas à contrer leur percée sur le marché américain.

4.  (Quelque) _____ obstacles que cette remarquable femme

d'affaires ait rencontrés dans sa carrière, elle les a tous surmontés.

## EXERCICE 3    Les prépositions

**Complétez la lettre suivante à l'aide des prépositions appropriées.**

Madame,

Nous tenons _____ (1) la présente _____ (2) vous remercier

_____ (3) votre collaboration _____ (4) du tournage du documentaire

*Technologies de demain* le mois de septembre dernier _____ (5) laboratoires du C.R.E.

Votre précieuse aide a été fort appréciée _____ (6) toute l'équipe de production qui,

comme vous le savez, a été amenée _____ (7) travailler _____ (8) plu-

sieurs consultants _____ (9) ce projet.

Le réalisateur, Grégoire Lupien, m'a fait part _____ (10) votre désir _____

(11) soumettre _____ (12) notre appréciation un projet _____ (13) lequel

vous travaillez _____ (14) plusieurs années. Nous procéderons _____ (15)

plaisir _____ (16) l'étude _____ (17) votre projet si vous nous le faites par-

venir _____ (18) la date limite fixée _____ (19) 15 décembre. Nous vous

adressons, _____ (20) pli recommandé, copie d'une note relative _____

(21) exigences techniques de notre société _____ (22) la soumission de projets de film

_____ (23) caractère scientifique.

Nous vous remercions donc encore une fois _____ (24) votre aimable collaboration et vous

prions _____ (25) croire _____ (26) l'expression _____

(27) nos sentiments les plus sincères.

Le directeur de production
Robert Picard

## Anglicismes

## EXERCICE 4     Les anglicismes orthographiques

**Dans le texte suivant, trouvez les anglicismes orthographiques et corrigez-les.**

Vous avez un congrès, un marriage, un séminaire à organiser? Notre auberge peut recevoir plus de 200 personnes et nous nous occupons de tout. La salle de conférences ultramoderne peut rapidement se transformer en salle de bal pour une dance. La réputation de notre cuisine n'est plus à faire, et notre chef préparera le buffet ou le repas dont vous rêvez pour l'occasion. Notre auberge offre un comfort unique, un service discret et une douce atmosphère de tranquilité.

_____

_____

## EXERCICE 5     Les anglicismes: les prépositions

**Corrigez les prépositions fautives dans chacune des phrases suivantes.**

1. Depuis deux ans, la société Axpor fonctionne avec perte. _____

2. Le patron est sur le téléphone depuis une demi-heure. _____

3. Le journaliste a été dur avec les grévistes. _____

4. Le hall d'entrée du siège social aura 12 mètres par 19. _____

5. Les deux représentantes syndicales siègent sur le comité. _____

6. Le maire sera avec vous dans quelques minutes. _____

7. Jusqu'à date, nos résultats sont assez encourageants. _____

8. Nous ne pouvons pas vendre en bas du prix coûtant. _____

9. L'atelier de menuiserie est sur ce côté. _____

10. Il faudra compenser pour vos pertes dans les plus brefs délais. _____

## Vocabulaire

## EXERCICE 6    Le vocabulaire de la vente

**Associez chaque expression de la colonne de droite à sa définition correspondante (colonne de gauche).**

1. Objet qu'on donne à un client pour l'encourager
   à acheter un produit.                                ( )    a    Facilités de paiement

2. Prix normal du marché.                               ( )    b    Article exposé (en montre)

3. Vente de marchandises à bas prix en vue
   d'un écoulement rapide.                              ( )    c    Prime

4. Marchandise exposée dans un magasin.                 ( )    d    Réduction

5. Marché avantageux pour l'acheteur.                   ( )    e    Vente à rabais

6. Prix de vente du producteur.                         ( )    f    Prix de gros

7. Réduction qu'un vendeur accorde à un acheteur,
   en pourcentage de l'achat, si le paiement
   est fait comptant.                                   ( )    g    Vente de liquidation

8. Vente comportant une réduction de prix.              ( )    h    Prix courant

9. Délais, conditions spéciales accordées à un
   acheteur, à un débiteur; échelonnement
   des paiements.                                       ( )    i    Soldes

10. Articles mis en vente pendant une période limitée
    et offerts avec un rabais plus ou moins important
    porté à la connaissance du public.                  ( )    j    Vente réclame d'ouverture

11. Diminution faite sur le prix d'une marchandise.     ( )    k    Prix du fabricant (d'usine)

12. Prix auquel la marchandise est vendue par le
    grossiste aux détaillants et aux utilisateurs
    professionnels.                                     ( )    l    Escompte (de caisse)

13. Prix inférieur au prix normalement indiqué.         ( )    m    Prix réduit, de solde,
                                                                      d'occasion

14. Vente promotionnelle à l'occasion de l'ouverture
    d'un magasin.                                       ( )    n    Occasion, aubaine

# EXERCICE 7    Les homonymes

Les homonymes sont des mots de même prononciation mais de sens différent. Il faut donc faire bien attention de ne pas les confondre quand on écrit.

**A)** **Complétez les phrases suivantes en employant, selon le sens, l'un ou l'autre des homonymes entre parenthèses et en faisant les accords nécessaires.**

1. Le projet du groupe Nordex est intéressant mais celui-ci l'est (davantage / d'avantage) _____.

2. Les membres du club s'inscrivirent (si tôt / sitôt) _____ qu'ils eurent reçu les formulaires.

3. Les (fonds / fond) _____ recueillis auprès des entreprises seront versés à un organisme à but non lucratif.

4. Vous trouverez peu (davantage / d'avantage) _____ à modifier cette clause de votre contrat.

5. «(Plus tôt / Plutôt) _____ la perte de quelque 50 000 $ de publicité par année que des annonces de cigarettes dans notre journal.» Voilà les propos qu'il m'a tenus.

6. Ce sera (bientôt / bien tôt) _____ les commandes pour la saison hivernale.

7. Elle arrive le matin presque (aussitôt / aussi tôt) _____ que sa patronne.

8. Je suis heureux de l'article de (fonds / fond) _____ qu'elle a écrit sur notre industrie.

9. Si vous l'expédiez par (express / exprès) _____, votre colis arrivera à temps.

10. (Quand / Quant) _____ même j'exercerais de fortes pressions, je sais qu'il ne cédera pas sur cette question.

11. C'est (plus tôt / plutôt) _____ que vous auriez dû faire votre proposition.

12. Lorsque l'on examine ce rapport de (près / prêt) _____, on s'aperçoit qu'il est très marqué idéologiquement.

13. (Quand / Quant) _____ aux investissements mêmes, ils ne représentent qu'une faible part de nos bénéfices.

14. Nous avons mis sur le marché de nouveaux produits alimentaires, dont une série de potages (exprès / express) _____ qui connaissent beaucoup de succès.

15. Tout (près / prêt) _____ à lancer cette campagne, nous attendons l'offensive de nos concurrents.

**B)** **Distinguez les homonymes ci-dessous en donnant leur définition respective.**

16. *Acquis:*

_____

_____

*Acquit:*

_____

_____

# EXERCICE 8    Les expressions idiomatiques

**Trouvez pour chacune des définitions suivantes les expressions idiomatiques correspondantes dans la liste proposée. À l'aide du dictionnaire, donnez le sens des expressions restantes.**

**Ex.:**    Inscrire, consigner une clause, un acte, un contrat:
                                *Coucher par écrit*
_____

avoir deux poids, deux mesures / faire un pont d'or à quelqu'un / faire des coupes sombres / payer rubis sur l'ongle / se remettre à flot / faire faux bond / avoir pignon sur rue / payer en monnaie de singe / entrer en lice / s'inscrire en faux / donner carte blanche à quelqu'un / avoir de l'entregent / joindre les deux bouts / valoir son pesant d'or / prêter à la petite semaine / commettre un impair / décliner ses noms, prénoms et qualité /

1.  Rétablir sa situation financière ou l'état de ses affaires.

_____

2.  Manquer à un engagement.

_____

3.  Avoir juste assez d'argent pour couvrir les dépenses du mois ou de l'année.

_____

4.  Permettre à quelqu'un d'agir comme il l'entend dans une situation.

_____

5.  Juger ou traiter différemment des choses identiques.

_____

6.  Posséder un commerce connu et bien situé.

_____

7.  Faire quelque chose qui ne s'accorde pas avec les convenances.

_____

8.  Être habile à se présenter, à se conduire dans le monde.

_____

9.  Nier, opposer un démenti à quelque chose.

_____

10. Être très cher, avoir une grande valeur.

   _____

11. Intervenir dans un débat, s'engager dans une compétition.

   _____

12. Gagner quelqu'un à sa cause en lui accordant de grands avantages.

   _____

## Stylistique

### EXERCICE 9    Les conjonctions de subordination

Les conjonctions de subordination servent à unir deux propositions et à indiquer un rapport (de temps, de condition, de cause, de conséquence, etc.) entre ces dernières.

**A) Les phrases suivantes sont incomplètes. À l'aide d'une conjonction et des éléments lexicaux entre parenthèses, complétez-les en exprimant le rapport en italique. (*Consultez le tableau 18.*)**

**Ex.:** *L'opposition*          (avoir / excellent / parmi vous)
Pourquoi embauchez-vous des cadres étrangers <u>quand vous en avez d'excellents parmi vous?</u>

1. *Le temps*          (ne pas recevoir / étude de marché / au complet)
   Il nous est difficile de déterminer la clientèle cible _____

   _____

2. *La supposition*          (autre projet / se concrétiser)
   Nous serions heureux de faire appel à vos services _____

   _____

3. *Le temps*          (les marchandises / être expédié)
   Veuillez nous adresser un télégramme de confirmation _____

   _____

4. *L'opposition*          (la situation / être désastreux / notre industrie)
   _____ , nous

   pensons augmenter notre chiffre d'affaires cette année encore.

5. *La cause*          (faire appel / vos services / déjà)
   _____ , nous

   savons que vous demandez un délai de deux mois pour la livraison.

6. *Le but*                    (pouvoir régler / différend)

Les employés concernés voudront bien se présenter à mon bureau ce matin même _____

_____

7. *La supposition*            (pouvoir / faire un rabais / 8 %)

Nous serions disposés à commander une quantité importante _____

_____

8. *La cause*                  (demande / ne pas être envoyé / à temps)

_____ , vous

n'êtes pas admissible à notre concours ce mois-ci.

9. *La conséquence*            (recevoir / le plus tôt possible)

Je demanderai au service du marketing de faire ce travail en priorité _____

_____

**B) Les phrases suivantes sont incomplètes. À l'aide d'une conjonction et des éléments lexicaux entre parenthèses, complétez-les en exprimant le rapport en italique. (*Consultez le tableau 18.*)**

1. *Le temps*                  (obtenir / accord de principe)

Le service des achats vous confirmera notre commande _____

_____

2. *Le but*                    (faire parvenir / nouvelle série de chèques)

Veuillez poster la formule de renouvellement ci-jointe _____

_____

3. *La concession*             (la livraison / ne pas être parvenu / à la date prévue)

_____ , nous

n'annulons pas notre commande.

4. *La comparaison*            (je / prévoir)

_____ , notre

demande de subvention a été refusée.

5. *La cause*                  (vous / ne pas être en mesure / fournir / garantie)

_____ , nous

ne pouvons vous accorder d'autres facilités de paiement.

6. *La condition*              (ne pas avoir de grève)

Les livraisons se feront régulièrement _____

_____

7. *L'opposition*              (le système informatisé / simplifier / opérations)

_____ , la

comptabilité reste très compliquée.

Grammaire, anglicismes, vocabulaire, stylistique                    **LEÇON 14**    **173**

8. *Le but* (vous / recevoir / au plus tôt / pièces manquantes)

Soyez assurés que nous mettrons tout en œuvre _____

_____

9. *La conséquence* (les chances / être égale / pour tous)

Toutes les demandes seront examinées par les deux comités _____

_____

## EXERCICE 10 — Révision des formules épistolaires: les lettres de la leçon 3

**Construisez une phrase avec chacun des groupes de mots suivants en respectant leur ordre.**

1. espérer / réserver / accueil / nouveautés / continuer / confiance /

_____

_____

2. être au regret / informer / ne pas pouvoir / renseignements demandés / autorisation spéciale /

_____

_____

3. penser / intéressé / comparer / prix de revient / chauffage / gaz / électricité. / Envoyer / tableau / services / préparé / clients /

_____

_____

4. être heureux / compter / prochainement / clients / disposition / renseignement /

_____

_____

5. ne pas recevoir / commande / temps voulu / se voir / obligation / annuler /

_____

_____

# Leçon 15

## Grammaire

## EXERCICE 1    Le subjonctif ou l'infinitif

**A) Récrivez les phrases suivantes en donnant au verbe à l'infinitif le sujet entre parenthèses.**

**Ex.:** Il est important d'avoir des connaissances sur la bourse pour spéculer. (Marie)
*Il est important que Marie ait des connaissances sur la bourse pour spéculer.*

1. Il faut déposer le chèque.  (vous)

   _____

   _____

2. Il est nécessaire de connaître le solde de son compte en banque.  (elle)

   _____

   _____

3. Il vaudrait mieux rencontrer le directeur de la banque.  (nous)

   _____

   _____

4. Il serait souhaitable d'obtenir la prorogation de la date d'échéance.  (ces clients)

   _____

   _____

5. Il est regrettable de ne pas l'avoir su.  (la secrétaire)

   _____

   _____

6. Il est important de déterminer la clientèle cible.  (nous)

   _____

   _____

**B) Construisez une phrase à l'aide des éléments suivants, en employant la préposition ou la conjonction entre parenthèses.**

1. Je n'accepterai pas cette marchandise / vous octroyez une importante réduction. (à moins de / à moins que)

   _____

   _____

2. Je vous saurais gré de faire le nécessaire / vous corrigez la situation dans les plus brefs délais. (afin de / afin que)

   _____

   _____

3. Nous devrions augmenter notre chiffre d'affaires / nous concluons ce contrat. (à condition de / à condition que)

   _____

   _____

4. Cette entreprise ne pourra honorer ses obligations financières / la banque lui consent un découvert. (à moins de / à moins que)

   _____

   _____

5. La banque loue des coffres-forts / je peux y déposer des documents, des titres, des bijoux. (pour / pour que)

   _____

   _____

6. Nous ne pouvons accéder à votre requête / nous obtenons la réponse de la banque. (avant de / avant que)

   _____

   _____

7. Je ferai établir des chèques de voyage / je pars en voyage. (avant de / avant que)

   _____

   _____

8. Notre fournisseur livrera la commande / nous verserons un cautionnement. (à condition de / à condition que)

   _____

   _____

9. Il a réussi à recouvrer le montant de sa créance / il a fait intervenir le service du contentieux. (sans / sans que)

_____

_____

10. Le directeur a décidé de maintenir sa marge de crédit actuelle / le taux privilégié baisse. (en attendant de / en attendant que)

_____

_____

## EXERCICE 2    Le discours indirect au passé

Vous êtes journaliste au journal *Le Travail* et, à l'occasion d'une recherche sur les carrières en administration, vous avez interviewé divers employeurs. Voici quelques-unes de leurs réponses à vos questions. Rapportez-les à vos lecteurs en utilisant des verbes introducteurs au passé (dire, affirmer, répondre, rétorquer, assurer, expliquer, déclarer, remarquer, etc.).

1. «Les entreprises qui accordent le moins d'importance aux résultats scolaires sont celles où l'employé aura beaucoup de contact avec le public.»

_____

_____

2. «La maîtrise en administration des affaires a perdu de son éclat au cours des années 1980.»

_____

_____

3. «La formation universitaire en administration est importante parce que la gestion des chiffres, la planification budgétaire et l'analyse de l'utilisation des ressources nécessiteront toujours du personnel qualifié.»

_____

_____

4. «Le travail à domicile a connu un boom extraordinaire, et le secteur de l'administration n'échappera pas à cette mode.»

_____

_____

5. «La Banque Royale a offert l'an dernier, offre cette année et offrira l'an prochain aussi des cours sur les hypothèques, le crédit, les garanties et l'endossement.»

_____

_____

6. «Le mentorat est une formule que l'Association des femmes d'affaires du Québec a mise sur pied et qui permet aux jeunes débutantes de bénéficier de l'expérience d'une aînée.»

_____

_____

7. «Les institutions bancaires sont recommandées pour les diplômés qui recherchent un milieu progressiste en ce qui concerne les avantages sociaux.»

_____

_____

8. «Le programme de la maîtrise en administration des affaires n'accepte que les gestionnaires qui ont travaillé pendant au moins deux ans et qui présentent un solide dossier scolaire.»

_____

_____

9. «Selon le portrait statistique que le gouvernement du Québec a publié en 1993, les trois principaux métiers féminins au Québec en 1991 étaient ceux de secrétaire, vendeuse et caissière.»

_____

_____

10. «Les diplômés de deuxième cycle sont présentement favorisés par les employeurs, mais ce ne sera bientôt plus un facteur essentiel pour obtenir un poste de gestion.»

_____

_____

Source: _Les carrières de l'administration_, Montréal, Ma carrière inc., «Guides universitaires», 1996, p. 42, 48, 56, 74, 75, 78, 90, 93.

## EXERCICE 3    Les pléonasmes

Le pléonasme ne fait que répéter ce qui vient d'être dit et n'ajoute rien au sens de la phrase ou à sa cohérence.

**Corrigez chacune des phrases suivantes en biffant le mot ou l'expression pléonastique.**

**Ex.:** L'agence a prévu ~~à l'avance~~ les dates de la campagne publicitaire.
     _L'agence a prévu les dates..._

1. La direction met son veto le plus formel à toutes nouvelles acquisitions.

2. La rédaction du rapport a été achevée en moins d'une heure de temps.

3. Le syndicat n'a voulu faire aucune révélation au sujet des négociations actuellement en cours.

4. Le gouvernement possède le monopole exclusif de la vente d'alcool.

5. La directrice de l'agence continue à hésiter entre deux solutions différentes.

6. L'employeur s'est vu contraint malgré lui de renoncer à ses exigences.

7. Un hasard imprévisible m'oblige à annuler notre rencontre de la semaine prochaine.

8. Notre comptable a additionné ensemble les factures de l'an passé et celles de cette année.

9. Le montant précis de votre compte est de 86 $ exactement.

10. Les membres du comité ad hoc se réunissent ensemble demain.

11. La fabrication de ce produit passe par trois phases successives.

12. Depuis l'an dernier, on constate de part et d'autre, entre le gouvernement et les industriels, des engagements réciproques.

13. L'entreprise doit être préparée pour d'éventuelles difficultés qui pourraient survenir.

14. Le rédacteur en chef a réitéré à nouveau ses excuses lors du déjeuner-causerie organisé par la Chambre de commerce.

15. À mon sens, j'estime que ces échanges entre les industriels et les universitaires ont porté fruit.

## Anglicismes

## EXERCICE 4    Les anglicismes dans la terminologie bancaire

**Corrigez le ou les anglicismes en italique dans les phrases suivantes.**

1. Pour *changer* ce chèque, veuillez le signer à *l'endos* et fournir une pièce d'identité.

_____

2. L'informatique a permis de réduire le nombre de chèques *sans fonds*.

_____

3. J'ai obtenu à ma banque des *termes* de paiement très avantageux.

_____

4. Je me demande si l'*assistant-comptable* a vérifié la *balance* du compte.

_____

5. La banque fournit des rouleaux pour le *change*.

_____

6. Votre compte est *passé dû*.

_____

7. Le *gérant* de la succursale a expliqué qu'on pouvait *sauver* de l'argent en limitant les frais *d'échange*.

_____

Grammaire, anglicismes, vocabulaire, stylistique

8. Veuillez noter que vos obligations viennent *à maturité* le 1<sup>er</sup> mai.

_____

9. La fin de l'année *fiscale* cause des maux de tête aux entrepreneurs.

_____

## EXERCICE 5 Les mots «charge» et «charger», «balance» et «balancer»

**A) Dans les phrases suivantes, trouvez une expression qui remplacera le nom «charge» ou le verbe «charger».**

1. Soyez rassurée, madame, (les charges) _____ sont incluses.

2. Combien (chargez-vous) _____ l'heure?

3. Elle (est en charge) _____ du bureau depuis six mois.

4. Veuillez (charger) _____ cette dépense à mon compte.

5. C'est pour payer comptant ou (charger) _____, mademoiselle?

**B) Corrigez les phrases suivantes en remplaçant, s'il y a lieu, les mots «balance» ou «balancer» par le terme approprié.**

1. Nous livrerons la balance de la commande la semaine prochaine. _____

2. Versez-moi 250 $ en coupures de 20 $ et la balance en coupures de 10 $. _____

3. Cette année la balance du commerce extérieur est favorable. _____

4. J'aimerais avoir la balance de mon compte après cette transaction. _____

5. En versant cette somme, nous balancerons le compte. _____

## EXERCICE 6    Le vocabulaire bancaire

**Choisissez dans la liste suivante les mots qui conviennent aux définitions proposées.**

chèque en blanc / endossement / taux privilégié / dépôt à demande, à vue / succursale / chambre de compensation / bordereau de dépôt / cautionnement / taux d'escompte / chèque à ordre, au porteur / découvert / encaisse / dépôt à terme /

1.  Établissement financier qui dépend du siège social tout en jouissant d'une certaine autonomie.

    _____

2.  Tout dépôt dans une banque qui peut être retiré à n'importe quel moment par le client.

    _____

3.  Taux minimal officiel auquel la Banque du Canada est disposée à consentir des prêts ou des avances.

    _____

4.  Avance consentie par une banque pour une période donnée, généralement courte.

    _____

5.  Titre n'indiquant pas de mention du montant.

    _____

6.  Transmission de la propriété d'un chèque ou d'un autre titre au moyen d'une signature.

    _____

7.  Système permettant aux banques de régulariser leurs comptes par virement, sans transport d'espèces.

    _____

8.  Dépôt effectué dans une institution financière pour une période déterminée et remboursable après ce délai.

    _____

9.  Relevé détaillé énumérant les chèques et les espèces déposés à un compte en banque.

    _____

10. Titre n'indiquant pas de titulaire et qui est payable à celui qui se présente.

    _____

11. Taux auquel les institutions de dépôt accordent des prêts à leurs meilleurs clients.

    _____

12. Sommes et valeurs qui sont en portefeuille ou dans la caisse.

_____

13. Dépôt destiné à servir de garantie à des créances éventuelles.

_____

## EXERCICE 7    La précision des verbes

**Les textes suivants ont tous pour thème le crédit.  Complétez-les à l'aide des verbes appropriés.  S'il existe plusieurs possibilités, elles n'ont pas toute la même valeur; optez pour le verbe le plus précis. Attention, ces verbes peuvent être à diverses formes.**

**Ex.:**    Vos conditions de crédit me paraissent acceptables. Je vous serais obligé de me les _confirmer_ par écrit.

regretter / présenter / annuler / exploiter / bénéficier / disposer / allouer / être obligé / octroyer / procéder / être révisé / donner suite / régulariser / établir / accorder / remplir / affilier / s'acquitter / émettre / représenter / consentir / recevoir / parvenir /

1. Veuillez trouver ci-joint notre nouvelle facture qui _____ la précédente.

2. La limite de crédit _____ au client pourra _____ en fonction de ses besoins une fois sa réputation de crédit _____.

3. Le détenteur d'une carte de crédit s'engage à ne pas l'utiliser au-delà de la limite qui lui a été _____ lors de l'émission de sa carte.

4. Cette entreprise _____ d'un délai de paiement de 30 jours et nous lui _____ une limite de crédit qui correspond à celle dont elle _____ chez ses autres fournisseurs.

5. Chaque détaillant _____ à un réseau de cartes de crédit doit remettre à la société qui _____ les cartes un pourcentage qui _____ la commission sur les ventes à crédit.

6. Suivant le type de commerce qu'il _____, le détaillant _____ une politique de crédit pour recruter des clients fiables.  Il évaluera ces derniers en leur faisant _____ un formulaire de demande de crédit.

7. Pour _____ un crédit, il faut vérifier si le client _____ des ressources financières nécessaires pour _____ de ses obligations à la date d'échéance.

8. Nous _____ de vous informer que nous n'avons pu _____ à votre demande, car la formule d'adhésion était incomplète.  Nous _____ à l'étude de votre dossier aussitôt que nous _____ votre demande d'adhésion dûment remplie.

9. En vérifiant nos livres, nous avons remarqué que votre compte _____ un solde débiteur de 268 $.  Nous vous _____ de bien vouloir nous faire _____ ce montant afin de nous permettre de _____ nos écritures.

**A) Lisez ce petit texte puis répondez aux questions suivantes.**

«Les banques à charte sont les principaux pourvoyeurs de fonds des PME sous la forme de marges de crédit ou de prêts à terme. Elles offrent de nombreux autres types de prêts ou de services. Choisir le bon type de financement peut améliorer la rentabilité de l'entreprise. Par exemple, il peut être préférable de louer plutôt que d'acheter certains équipements; il y a aussi l'affacturage, les lettres commerciales, etc.»

Source: extrait de l'article «Comment la PME peut survivre aux années 80», Revue *Commerce*, mars 1982.

1.  Comment appelle-t-on le contrat par lequel le locataire obtient, moyennant un loyer, l'usage d'un bien d'équipement?

2.  Qu'appelle-t-on l'«affacturage»?

3.  De quoi s'agit-il?

    a)  Accord officiel ou officieux qui fixe le solde débiteur maximal que la banque alloue à une entreprise cliente.

    b)  Lettre de garantie émise par une banque au nom de son client à un fournisseur pour garantir le paiement de la marchandise si celle-ci est expédiée selon les termes et conditions stipulés.

4.  Dans le commerce, un emprunteur doit généralement fournir des garanties sur un prêt. Quelle est la nature des garanties que peut donner l'emprunteur?

5.  Une banque exige parfois des garanties subsidiaires. Qu'appelle-t-on ainsi?

6.  Connaissez-vous d'autres services offerts par les banques aux PME qui désirent trouver du financement?

**B) Lisez le petit texte suivant. Ensuite, après avoir fait une courte recherche, énumérez les principales fonctions de la Banque du Canada.**

### La banque des banques

«En 1934, lorsque le Canada met en place sa banque centrale, il est un des derniers pays industrialisés à créer pareille institution. La raison qui pousse le gouvernement de l'époque à enfin agir est qu'il veut que s'exerce un meilleur contrôle de l'inflation et de la masse monétaire dans l'intérêt de la stabilité économique canadienne.

Il désire aussi qu'il y ait une certaine indépendance entre le pouvoir de taxer et de dépenser du gouvernement, et celui de créer de l'argent qui sera confié à la Banque du Canada. Le premier s'occupera à l'avenir de politique fiscale, la seconde, de politique monétaire. [...]

Discrète, secrète même, la Banque joue pourtant un rôle fondamental au pays, et ses décisions ont des répercussions directes sur nos choix en matière d'investissements et de consommation. [...]

La Banque est celle qui se préoccupe de politique économique à long terme et qui a pour credo la stabilité. Paradoxalement, elle évalue tous les jours ce qui se passe sur le marché et dans l'économie, les agrégats monétaires et de crédit, la croissance générale de l'économie du point de vue de l'inflation et des investissements.»

Source: extraits de l'article «La banque des banques», *Le Devoir économique*, vol. 3, n° 7, novembre 1987.

_____

_____

_____

_____

_____

_____

_____

_____

_____

## EXERCICE 9    La substitution de la construction négative par un tour affirmatif

**Dans les petits textes ci-dessous, les constructions négatives répétées alourdissent le style et témoignent d'une certaine pauvreté lexicale.**

**Récrivez les phrases suivantes en remplaçant les passages en italique par des expressions ou verbes affirmatifs.**

**Ex.:** Il *ne savait pas* que mademoiselle Fraga était une évaluatrice.
*Il ignorait que mademoiselle Fraga...*

1. Les deux manutentionnaires *ne pouvaient rien faire* devant la colère du contremaître; en effet, ce dernier leur avait dit qu'il *ne les reprendrait pas* s'ils *ne respectaient pas* le règlement une autre fois.

_____

_____

_____

2. Il *n'avait pas accepté* d'écouter leur version des faits. Il était sûr de toute façon qu'ils *ne diraient pas la vérité*. Son attitude démontrait à quel point il *n'avait guère de respect* pour ses subalternes.

_____

_____

_____

3. La réunion syndicale *ne pourra pas avoir lieu comme prévu* vendredi prochain. Certains membres *ne sont pas d'accord* sur l'ordre du jour; ils estiment que si la présidente et le secrétaire *n'ont pas inscrit* certains points litigieux, c'est parce qu'ils *ne veulent pas faire face* à une éventuelle contestation de leur autorité.

_____

_____

_____

4. Il faut changer d'attitude dans vos rapports professionnels. Quand il y a une décision à prendre, vous *ne semblez pas sûr de vous*. Il faut savoir *ne pas être trop prudent* en affaires. Les gens d'affaires qui, lorsqu'ils *ne réussissent pas* quelque chose, *n'arrêtent pas pour autant de faire* des efforts sont ceux qui vont le plus loin.

_____

_____

_____

5. La réception organisée par l'institut *n'avait pas été préparée*, et c'est dommage. Je comprends que les directeurs *ne prétendent plus* au faste des années passées; toutefois, le rôle de l'institut *ne doit pas être confondu* avec celui d'un simple centre de recherche. En tout cas, les visiteurs étrangers *n'ont pas été flattés* par l'accueil qui leur a été réservé.

_____

_____

_____

## EXERCICE 10    Révision des formules épistolaires: les lettres de la leçon 4

**Construisez une phrase avec chacun des groupes de mots suivants en respectant leur ordre.**

1. tenir à / préciser / envoi / être effectué / port dû / Messageries de l'Est /

_____

_____

2. recevoir / ordinateurs / modèle «Classique» / envoyer / conformément / commande / 5 février /

_____

_____

3. espérer / faire / démarche / corriger / situation / le plus tôt possible /

_____

_____

4. commander / 6 mars / cloisons amovibles / accusé de réception / 15 mars / confirmer / livraison / 1er avril / au plus tard /

_____

_____

5. ne pas recevoir / ce jour / avoir le regret / annuler / commande / se voir dans l'obligation / approvisionner / ailleurs /

_____

_____

# Leçon 16

## Grammaire

## EXERCICE 1     La concordance des temps (1)

**Dans la lettre suivante, mettez les verbes entre parenthèses au temps et au mode qui conviennent. (*Consultez les tableaux 12 et 13.*)**

Messieurs,

Le président de la maison Giroux me _____ (faire savoir, 1) hier que vous _____ (refuser, 2) d'encaisser le chèque nº 176-49-251 de 4800 $ que je lui _____ (remettre, 3) pour paiement d'une commande. Je _____ (être extrêmement surpris, 4) de cette situation.

La semaine passée, mon compte _____ (être, 5) effectivement proche du découvert, mais il _____ (devoir, 6) être crédité de 6185 $, montant d'un chèque de Probol inc. que je _____ (déposer, 7) le 10 de ce mois.

Il est possible qu'une erreur _____ (être commis, 8) par vos services. Je vous _____ (être obligé, 9) de procéder aux recherches nécessaires afin que mon fournisseur _____ (pouvoir, 10) encaisser le chèque dès qu'il se _____ (présenter, 11) à votre banque.

J'espère que vous _____ (corriger, 12) cette erreur dans les plus brefs délais, car je _____ (partir, 13) lundi prochain à l'étranger et je _____ (indiquer, 14) au président de la maison Giroux qu'il _____ (pouvoir, 15) se présenter mardi 28 à votre banque.

Vous _____ (comprendre, 16) sans peine qu'il est fort important pour moi que cette affaire ne _____ (porter, 17) pas atteinte à mon crédit.

Veuillez croire, Messieurs, à mes sentiments respectueux.

Claude Richard

Grammaire, anglicismes, vocabulaire, stylistique

**Complétez les expressions en mettant au pluriel les mots composés entre parenthèses.**

1. Le fouillis des _____ (arrière-boutique)

2. L'envoi des _____ (fac-similé)

3. Les propos des _____ (porte-parole)

4. La durée des _____ (pause-café)

5. Le coût des _____ (timbre-poste)

6. L'architecture des _____ (gratte-ciel)

7. Les ventes _____ (hors-saison)

8. Le son de ces _____ (haut-parleur)

9. L'ouverture des _____ (auto-école)

10. La confection des _____ (couvre-lit)

11. La lecture des _____ (avant-projet)

12. La violence de leurs _____ (face-à-face)

13. Le vol des _____ (chef-d'œuvre)

14. Ouverture tous les _____ (après-midi)

15. Les contrats des _____ (location-vente)

16. Le nom des _____ (ayant droit)

17. Les combinaisons des _____ (coffre-fort)

18. L'embauche de _____ (médecin-légiste)

19. La rédaction des _____ (procès-verbal)

20. Allez chercher des _____ (laissez-passer)

## EXERCICE 3    Les anglicismes locutionnels

**Corrigez les anglicismes locutionnels en italique dans les phrases suivantes.**

1. *Dans le futur*, les chèques seront postés en décembre.    _____

2. L'appareil est *hors de service*.    _____

3. Elle a agi ainsi *en l'absence de* propositions sérieuses.    _____

4. *Au meilleur de ma connaissance*, les prix n'ont pas été modifiés.    _____

5. Le comité devra agir *à l'intérieur de* son mandat.    _____

6. Nous ne céderons à ce chantage *pour aucune considération*.    _____

7. Nous vous ferons parvenir cet ouvrage *pour aussi peu que* 8 $.    _____

8. La coordonnatrice a *comme une de ses responsabilités* principales l'embauche de traducteurs.    _____

9. *Jusqu'à date*, nous avons respecté l'échéancier.    _____

10. Cette nouvelle, *à l'effet que* la CEE aurait pris des mesures draconiennes, a eu des répercussions sur le marché.    _____

## EXERCICE 4    Anglicismes: le vocabulaire de la téléphonie

**Récrivez les phrases suivantes et corrigez les anglicismes.**

1. Allô! mademoiselle, pour loger un appel en Hollande, est-ce que c'est moins cher sur semaine?

_____

_____

2. Quand vous devrez téléphoner de Turin à nos bureaux de Montréal, faites vos appels à charges renversées, ce sera plus facile.

_____

_____

3. Avez-vous vérifié si la corde est connectée?

_____

_____

4. J'ai signalé le code régional puis le numéro, mais il y avait du trouble sur la ligne.

_____

_____

5. — J'aimerais parler à madame Sophie Marceau.

— Qui parle?

— Éric Graton, du service des ventes de la société Gerfel.

— Gardez la ligne.

_____

_____

_____

_____

6. — Paul, as-tu appelé l'ingénieur?

— Trois fois, mais la ligne était toujours engagée.

— Essaie l'extension 767, c'est une ligne double qu'il partage avec un collègue.

_____

_____

_____

7. Avez-vous demandé à l'assistance annuaire le coût des longues distances pendant la journée?

_____

_____

## Vocabulaire

## EXERCICE 5    Le vocabulaire de l'assurance (1)

**A)** **Le texte suivant est une publicité de la compagnie d'Assurance-Vie Manufacturers (ManuVie).**
**Complétez-le à l'aide du vocabulaire ci-dessous.**

régimes de retraite / gestion / titulaires de police / actif / concurrentiels / investisseur / avantages sociaux / caisses de retraite / compétence / garanties collectives /

En vue de satisfaire les besoins de la petite entreprise, ManuVie a mis au point des produits et services

_____ (1) en matière d' _____ (2). En effet, notre récente venue sur le

marché de l'assurance collective Vie et maladie nous a amenés à étendre notre gamme de

_____ (3); celle-ci comprend maintenant les garanties suivantes: assurance-vie, assu-

rance Décès et mutilation accidentels, assurance-maladie complémentaire, soins dentaires et assurance

en cas d'invalidité. Spécialisée dans ce secteur du marché puisqu'elle émet le plus grand nombre de

_____ (4) destinés à la petite entreprise, ManuVie élargira bientôt sa gamme de con-

trats de rente en offrant un régime de retraite transférable tel que proposé par l'industrie de l'assu-

rance.

Mais notre _____ (5) s'étend au-delà de la mise en marché de nouveaux produits, car

elle comprend également la _____ (6) des _____ (7).

ManuVie administre présentement plus de quatre mille régimes de retraite destinés aux petites entre-

prises canadiennes. Aujourd'hui, grâce à la solide réputation qu'elle s'est acquise comme

_____ (8) dynamique, ManuVie gère un _____ (9) de 7 milliards de dol-

lars, investi au nom de ses _____ (10) particuliers ou entreprises.

**B)** **Connaissez-vous le sens exact de tous les mots que vous avez utilisés pour cet exercice?**

Trouvez une définition claire et concise pour les termes suivants.

1. *Actif:* _____

_____

2. *Garanties collectives:* _____

_____

3. *Avantages sociaux:* _____

_____

4. *Titulaire de police:* _____

_____

5. *Caisse de retraite:* _____

_____

## EXERCICE 6    Le vocabulaire de l'exportation et du transport

**Complétez les phrases suivantes avec le vocabulaire proposé.**

connaissement / fret / dumping / embargo / zone franche / lettre de crédit / devise / change / consortium / quota / affrètement / débardeur / conditionnement / transit / courtier / troc /

1. Ce groupement de fabricants a créé un(e) _____ afin d'avoir les outils nécessaires pour exporter. En effet, aucun d'eux ne pourrait mettre sur pied dans sa propre entreprise un service de mise en marché international.

2. Préparer l'expédition, cela signifie prévoir le(a) _____. Les emballages doivent être résistants, à l'épreuve des intempéries, du vol, de l'eau salée, de l'empilage, etc.

3. La Communauté économique européenne a décidé d'imposer un(e) _____ sur les produits contenant de l'amiante, ce qui est un dur coup pour l'industrie canadienne.

4. Dans une transaction avec l'étranger, l'outil de paiement privilégié est le(a) _____ irrévocable confirmé(e) par la banque.

5. Cette fois, nous avons refusé de nous faire payer en _____ étrangères. Nous ne pouvions pas assumer un risque si grand.

6. Nous avons décidé de confier cette opération à un(e) _____ en exportation, car nous n'avons pas l'expertise et nous désirons à tout prix éviter les erreurs.

7. Les États-Unis ont écoulé ces marchandises à un prix inférieur au prix de revient. Or, le Gatt condamne sévèrement toute pratique de _____.

8. Vous pourrez inspecter les marchandises lorsque le navire aura déchargé son(sa) _____ _____.

9. Le gouvernement a pris la décision de maintenir les _____ d'importation des chaussures. Ce contingent permettra à l'industrie nationale de garder sa part du marché.

10. Parmi les documents de voyage, vous trouverez le(a) _____, titre de transport par lequel le transporteur s'engage à mener la marchandise à Amsterdam.

11. Puisque ces marchandises sont en _____, vous n'aurez pas à payer de droits de douane.

12. En ce moment, le(a) _____ pour le florin nous est favorable; je propose donc de payer en florins ces importations.

13. Cela aura pris plusieurs décennies avant que l'Europe ne devienne un(e) véritable _____

_____.

14. On estime à près d'un tiers la part du commerce mondial qui s'effectue sous forme de _____

_____, appelé aussi «système de compensation» dans le milieu du négoce international.

15. Pour l'entreprise, le(a) _____ d'un navire est la solution la plus économique pour le

transport de ces matières premières.

16. Le transbordement du navire au train n'a pu se faire à cause de la grève des _____. On
estime que 20 % des marchandises sont avariées.

## EXERCICE 7  Enrichissement lexical: les verbes contemporains

La langue commerciale et administrative manifeste sa créativité en renouvelant son lexique à l'aide de
mots nouveaux, d'emprunts et de procédés syntaxiques et sémantiques de toutes sortes.

**La liste ci-dessous contient quelques exemples de verbes vedettes contemporains. Trouvez dans vos lectures (livres, articles, etc., traitant de commerce et d'économie) des exemples d'emploi de mots vedettes contemporains. Construisez six phrases comprenant chacune un verbe de la liste proposée.**

maximiser / geler / éponger / (s')essouffler / écrémer / déraper / dégraisser / conteneuriser / chapeauter /
s'articuler / s'aligner sur / globaliser / impulser / interconnecter / manager / plafonner / se positionner /
saupoudrer / médiatiser / s'implanter / gripper / gommer / fragiliser / focaliser / flotter /

1. _____

_____

2. _____

_____

3. _____

_____

4. _____

_____

5. _____

_____

6. _____

_____

## Stylistique

Rendre une phrase plus concise veut dire parfois remplacer une proposition subordonnée par d'autres éléments.

**Dans les phrases suivantes, remplacez la proposition subordonnée par un groupe nominal.**

Ex.:    Les experts croient que le prix du pétrole baissera.
        *Les experts croient à la baisse du prix du pétrole.*

1.  On peut espérer que les affaires reprendront en septembre.

   _____

2.  Dès 8 h, les clients attendent que le supermarché ouvre ses portes.

   _____

3.  Le ministre a annoncé que le programme de subventions sera maintenu.

   _____

4.  Le syndicat refuse que ces fonctionnaires soient mutés à Hull.

   _____

5.  Le fournisseur exige que l'on verse un acompte de 2000 $.

   _____

6.  La directrice a décidé que l'on refera l'aile gauche de l'usine.

   _____

7.  Le tribunal a ordonné que l'on suspende les travaux d'aménagement.

   _____

8.  Le comité propose que notre association soit jumelée avec le groupement des assureurs français.

   _____

9.  Les ouvrières n'acceptent plus que leurs salaires plafonnent depuis deux ans.

   _____

10. Ils estiment juste que les deux parties aient transigé sur ce point.

_____

## EXERCICE 9 À la place de la subordonnée (1)

Il est souvent possible d'employer, à la place d'une subordonnée, un complément de même sens, un infinitif ou un participe.

**Récrivez les phrases suivantes en remplaçant la subordonnée par un tour plus économique et faites les transformations qui s'imposent.**

**Ex.:** Puisque le syndicat persistait à demander ces avantages, l'entreprise a dû négocier.
*Devant l'insistance du syndicat,* l'entreprise a dû négocier.

1. Pour que vous puissiez signer ce contrat, on vous demande de remplir ce formulaire.

_____

2. Si nous tenons compte des fluctuations du marché, nous pouvons espérer une croissance modérée de 6 %.

_____

3. Bien que le prix des maisons ait considérablement augmenté, elles sont encore moins chères qu'ailleurs.

_____

4. Quand nous aurons étudié tous les dossiers, nous vous ferons connaître notre réponse.

_____

5. Si vous avez un problème quelconque, vous pouvez faire appel à notre service.

_____

6. Même si nous ne le savons pas, beaucoup d'entre nous sommes actionnaires indirectement.

_____

7. Si on réfléchit bien, on s'aperçoit que les prévisions sont raisonnables.

_____

8. Quand elles sont gérées avec laxisme, les coopératives ne répondent plus aux besoins de leur clientèle.

_____

9. Bien qu'il existe une situation favorable, les industriels ne croient pas à une reprise rapide.

_____

10. Pour que l'on puisse bâtir ces entreprises, il nous faut l'accès à la capitalisation.

_____

11. Malgré le fait que les taux d'intérêt soient très bas, nous ne pouvons emprunter davantage.

_____

12. Dès que la construction a commencé, nous avons éprouvé d'énormes difficultés.

_____

## EXERCICE 10    Révision des formules épistolaires: les lettres de la leçon 4

**Construisez une phrase avec chacun des groupes de mots suivants en respectant leur ordre.**

1. régler / dette / d'ici huit jours / se voir / obligation / remettre / dossier / agence / recouvrement /

_____

_____

2. bénéficier / rabais / 10 % / il suffit / retourner / coupon / indiquer / nom / entreprise /

_____

_____

3. être persuadé / essai / appareil / convaincre / qualité / avantage /

_____

_____

4. présenter / excuse / erreur / marquer / expédition / article / commander /

_____

_____

5. suffit / remplir / bon / commande / ci-joint / donner droit / remise de 15 % / adresser / sans délai / recevoir / nouveau logiciel / retour / courrier /

_____

_____

# Leçon 17

## Grammaire

## EXERCICE 1    La concordance des temps (2)

**Complétez la lettre suivante en mettant les verbes entre parenthèses au temps et au mode qui conviennent. (*Consultez les tableaux 12 et 13.*)**

Monsieur,

Je _____ (apprendre, 1) récemment que vous _____ (constituer, 2), avec d'autres commerçants de la région, un groupement d'achat et que vous _____ (négocier, 3) ces derniers mois des conditions particulières auprès de vos fournisseurs. Bien que la taille de votre groupement _____ (ne pas être, 4) encore très grande, il semble que les diverses garanties que vous _____ (obtenir, 5) lors de cette négociation vous _____ (permettre, 6) d'offrir des prix très compétitifs.

On me _____ (dire, 7) également que vous _____ (être sur le point, 8) d'offrir à vos membres de nouveaux services tels que des études sur les marchés et la motivation de la clientèle, des services de publicité et d'informatique, etc.

Même si mon commerce _____ (prospérer, 9) de façon satisfaisante au cours des dernières années, je _____ (douter, 10) qu'il _____ (pouvoir, 11) résister à la concurrence des grandes chaînes qui _____ (annoncer, 12) leur venue prochaine dans la région.

Je _____ (aimer, 13) donc que vous _____ (considérer, 14) ma demande d'adhésion à votre groupement. Si ma demande _____ (être retenue, 15), je _____ _____ (souhaiter, 16) fixer un rendez-vous le plus tôt possible afin que nous _____ (se mettre d'accord, 17) sur les conditions de ma participation.

Je vous remercie à l'avance et vous prie, Monsieur, de recevoir mes salutations respectueuses.

Claudia Forlane

**Complétez les phrases suivantes en choisissant, pour le terme proposé, la bonne orthographe. Faites les accords qui s'imposent. (*Consultez le tableau 2.*)**

1. (en tête / en-tête)

   Nous avons fait redessiner tous nos _____.

2. (électroménager / électro-ménager)

   Profitez de rabais importants sur nos appareils _____.

3. (semi-retraite / semi retraite)

   Depuis un an, elle a pris une sorte de _____.

4. (quote part / quote-part)

   La _____ des employeurs devra être augmentée.

5. (sur le champ / sur-le-champ)

   Nous vous demandons de faire ces réparations _____.

6. (contre-courant / contrecourant)

   En agissant ainsi, sommes-nous à _____?

7. (contre-projet / contreprojet)

   Si nous voulons gagner, nous devons proposer un _____.

8. (procès verbal / procès-verbal)

   Le _____ a été adopté à l'unanimité.

9. (compte-rendu / compte rendu)

   Auriez-vous l'amabilité de me rédiger un _____ de votre rencontre avec l'ingénieur du projet?

10. (tout puissant / tout-puissant)

    Que feront les petits actionnaires contre cette _____ société?

11. (tête à tête / tête-à-tête)

    Ils travaillèrent en _____ tout l'après-midi.

12. (sous-signé / soussigné)

    Je, _____, certifie avoir vendu l'entrepôt décrit sur la fiche ci-jointe à la société Annox.

13. (rez de chaussée / rez-de-chaussée)

    Nos bureaux, plus spacieux, sont maintenant au _____.

14. (porte-à-porte / porte à porte)

    Il devient de plus en plus difficile de faire du _____.

15. (plein-emploi / plein emploi)

    Les syndicats réclament une politique de _____.

16. (pétro-chimique / pétrochimique)

    Le gouvernement aidera l'industrie _____ à s'installer dans la région.

17. (néolibéralisme / néo-libéralisme)

Depuis quelques années, le _____ est à la mode parmi les économistes.

18. (co-auteur / coauteur)

Mademoiselle Sinclair et madame Pruski sont les _____ de ce manuel.

19. (plateforme / plate-forme)

La société installera une nouvelle _____ de forage.

20. (directeur-adjoint / directeur adjoint)

Les deux _____ de la Société générale ont été remerciés.

## Anglicismes

## EXERCICE 3   Les anglicismes sémantiques

**Dans les textes suivants, corrigez les anglicismes.**

1. Les candidats qui veulent faire une application doivent venir au bureau compléter un formulaire et déposer leur résumé auquel ils peuvent joindre une lettre d'accompagnement. Lorsqu'une position est vacante, le service l'annonce dans le bulletin de l'entreprise.

_____

_____

_____

2. Le département du personnel administrera un test de compétence à tous les candidats afin de vérifier leurs connaissances académiques. Quant à l'entraînement des nouveaux employés, c'est madame Belleau qui en est responsable.

_____

_____

_____

3. Monsieur Dubois m'a appris qu'il y avait une ouverture dans votre service. [...] Votre entreprise ne m'est pas inconnue car j'ai eu l'opportunité de suivre, il y a quelques années, un stage organisé par votre société. [...] J'espère avoir l'occasion de discuter avec vous de mes qualifications pour ce poste.

_____

_____

_____

**Dans les phrases suivantes, remplacez si nécessaire le mot «opportunité» par le terme approprié.**

1. La vente de l'immeuble est une opportunité unique pour l'entreprise.

   _____

2. Nous discuterons de l'opportunité d'une rencontre avec le syndicat.

   _____

3. Y a-t-il de nombreuses opportunités d'emploi dans cette branche?

   _____

**Traduisez la phrase suivante:**

4. The company advertised interesting investment opportunities.

   _____

## Vocabulaire

## EXERCICE 5    Le vocabulaire de l'assurance (2)

**Complétez les phrases suivantes à l'aide du vocabulaire proposé.**

prestation / souscripteur / cotisation / actuaire / constat / prime / quote-part / estimation / garantie / prestataire / demande de règlement / franchise / couverture / surprime / sinistre / avenant /

1. Vos _____ afférentes au régime de retraite seront régulièrement retenues sur votre traitement.

2. Tant que vous continuerez à cotiser au régime de retraite, la société vous versera sa _____ de la prime.

3. Le montant de 100 $ que vous payez avant que le régime n'entre en jeu est appelé «_____».

4. Le principe même de l'assurance interdit qu'un _____ soit l'occasion pour l'assuré d'améliorer sa situation.

5. Cette année, ma _____ d'assurance-automobile a augmenté de façon très substantielle.

6. Les assureurs vérifient que les réparations soient effectuées conformément aux _____.

7. Nous pouvons étendre la responsabilité civile à cet édifice contre une _____ de 460 $.

8. Les assureurs ont versé aux assurés près de trois milliards de dollars à titre de _____ de toutes sortes.

9. Les _____ sont satisfaits de nos services. Nous tâchons de régler le plus rapidement possible les _____.

10. Les compagnies d'assurances doivent freiner l'augmentation des primes pour le plus grand nombre de _____.

11. Demandez un formulaire de _____ amiable à votre courtier.

12. Certains assureurs offrent une _____ supplémentaire parfois identifiée par l'appellation «valeur à neuf».

13. Le rôle du courtier est de conseiller le consommateur dans le choix de ses _____.

14. Veuillez trouver ci-joint un _____ qui précise les modifications apportées au contrat primitif.

15. Chaque compagnie d'assurances confie à des _____ compétents la responsabilité de calculer les primes.

# EXERCICE 6    Le vocabulaire des relations de travail (1)

**A) Complétez les phrases suivantes à l'aide du vocabulaire proposé.**

grève du zèle / débrayage / médiateur / rotation / cogestion / étiquette syndicale / lock-out / conciliateur / injonction / mandat / cols blancs / services essentiels / chômage cyclique /

1. Le gouvernement a précisé qu'un comité sera formé afin de déterminer les _____ à maintenir en cas de conflit de travail.

2. Lors de la dernière assemblée syndicale, les travailleurs ont donné un _____ de grève à leurs dirigeants.

3. L'employeur a obtenu du tribunal une _____ mettant le syndicat en demeure de retirer ses piquets de grève.

4. Les fonctionnaires songent à un _____ de 24 heures.

5. La direction de l'usine a décrété un _____ afin de contraindre les ouvrières à accepter ses dernières propositions.

6. Le comité d'entreprise a étudié les possibilités de _____ au sein de l'entreprise; certaines décisions seraient prises conjointement par la direction et les travailleurs.

7. Le _____ ou le _____ cherche à amener les parties à un compromis acceptable, sans rendre de sentence.

8. Pour permettre aux employés d'acquérir une expérience et une mobilité professionnelles, nous favorisons la _____ d'emplois.

9. La _____ des douaniers provoque des embouteillages monstres aux postes frontières; les douaniers appliquent à la lettre les règlements, ce qui entraîne un ralentissement considérable.

10. On appose une _____ sur les produits dont la fabrication est assurée par des travailleurs syndiqués.

11. Les fluctuations économiques des dernières années ont provoqué une augmentation du

    _____.

12. Parmi les employés de la Ville, seuls les _____, c'est-à-dire tous les travailleurs non manuels, sont restés au travail.

**B) Traduisez la phrase suivante.**

The union finally obtained certification and is now recognized as the sole bargaining agent for the company's employees.

_____

_____

_____

## EXERCICE 7    Enrichissement lexical: le mot «salaire» et ses synonymes

Le mot «salaire» désigne, dans son sens large, la rémunération d'un travail ou d'un service. Il est bon de rappeler qu'il existe pour désigner différentes formes de salaire d'autres termes dont le sens est plus restreint.

**Complétez les phrases suivantes à l'aide des mots qui vous sont proposés.**

cachet / traitement / solde / indemnité / honoraires / émoluments / appointements / gages / commission / prime / fixe /

1. Son _____ de fonctionnaire lui permet d'acheter cette propriété.

2. Vous recevrez, en plus de votre salaire, une _____ destinée à couvrir vos frais de transport.

3. Vous trouverez ci-joint le détail des _____ versés à l'avocat pour cette affaire.

4. La majorité des artistes touchent des _____ très peu élevés pour ce genre de spectacle.

5. Dorénavant, les _____ des cadres seront indexés au coût de la vie.

6. Comme tous les autres intermédiaires, il demande une _____ de 8 % sur les marchandises.

7. Le cuisinier est au service de la maison depuis des années et il touche des _____ honnêtes.

8. Les représentants de commerce qui touchent un _____ ont droit à une commission plus petite.

9. Il fait vivre modestement sa famille avec sa _____ de capitaine.

10. Les membres du Parlement reçoivent une _____ parlementaire et sont assurés d'une retraite avantageuse.

11. Nous vous assurons que vous recevrez dès le mois prochain vos _____ pour votre contribution au livre *Un Monde pour tous*.

## Stylistique

## EXERCICE 8    À la place de la subordonnée (2)

**Récrivez les phrases suivantes en remplaçant les propositions subordonnées par un tour plus économique.**

1. Si vous aviez acheté votre propre matériel, vous auriez réalisé un profit.

   _____

2. Même si le prix des produits importés a augmenté, les ventes sont restées stables.

   _____

3. Comme il est moins cher que les autres, ce fournisseur obtient la majorité des contrats.

   _____

4. Si votre projet avait été plus rentable, il aurait attiré plus d'investisseurs.

   _____

5. Quand les nouvelles moissonneuses-batteuses auront été achetées, elles remplaceront cette machinerie agricole désuète.

   _____

6. Puisque les spécialistes prévoient une reprise rapide de l'industrie, l'entreprise a décidé d'investir.

   _____

7. On ne peut pas accepter ces manuscrits sauf s'ils sont corrigés.

   _____

8. Dans le cas où l'entente ne serait pas respectée, il faudrait faire appel à un arbitre.

   _____

9. Bien qu'elle soit très compétente, l'industrie de la chaussure exporte peu.

   _____

10. Alors qu'il est en pleine réorganisation, le bureau fait face en ce moment à une demande accrue.

    _____

## EXERCICE 9     Les mots charnières

Un texte, quel qu'il soit, a besoin de mots charnières pour assurer sa cohérence et bien établir les rapports.

On appelle «mots charnières» des adverbes, des conjonctions, des locutions adverbiales qui permettent d'enchaîner les éléments dans un développement.

**A) Classez les mots charnières suivants dans la colonne appropriée. Attention, certaines de ces expressions peuvent être classées différemment. (*Consultez le tableau 6.*)**

en vertu de / par contre / d'abord / en somme / puis / d'après / à ce propos / dans ce but / en premier lieu / d'autre part / finalement / premièrement / ensuite / par ailleurs / de plus / à cet effet / conformément / en outre / en conclusion / suivant / or / tout compte fait / par surcroît / à cette fin /

| début (thèse) | argument supplémentaire | antithèse |
|---|---|---|
| _____ | _____ | _____ |
| _____ | _____ | _____ |
| _____ | _____ | _____ |
| _____ | _____ | _____ |
|  | _____ |  |
|  | _____ |  |

| référence | conséquence ou finalité | fin |
|---|---|---|
| _____ | _____ | _____ |
| _____ | _____ | _____ |
| _____ | _____ | _____ |

**B) Complétez les deux textes suivants par les mots charnières qui conviennent. Attention, vous avez souvent plusieurs choix.**

### Le secret de la réussite

Voici les trois étapes à suivre pour bien s'informatiser. _____ (1), il faut faire un bon plan d'entreprise. Cette étape est essentielle et préalable à toute informatisation. _____ (2), la direction de l'entreprise doit établir une planification stratégique, souple et modulaire. _____ (3), il s'agit de réaliser le plan et de mettre en place un bon système de contrôle des projets. _____ (4), il ne faut jamais introduire un système informatisé sans, _____ (5), faire des analyses d'impact et préparer des programmes de formation.

_____ (6) l'on fait appel à un consultant, il est indispensable de s'assurer de son objectivité. _____ (7), on conseille d'avoir dans le contrat une clause stipulant que le consultant n'a aucun lien avec les fabricants de matériel informatique. _____ (8) la compétence, l'entreprise est en droit de demander au consultant s'il a déjà une expérience dans le domaine en question et si ses représentants ont déjà fait leurs preuves.

Source: extrait adapté de Antoine Di-Lillo, «Le secret de la réussite», *Le Devoir économique*, vol. 5, n° 1, p. 13.

### L'amour économique

Le 14 février 1996

Mon amour cher,

Je tiens _____ (1) à te dire que depuis le jour où tu es entré dans ma vie — et dans mon appartement — je suis plus riche. Tu as _____ (2) une manière de partager ma vie qui couvre mon parquet de fébrilité et gonfle irrémédiablement le volume de mes transactions. Quand je te vois, mon indice Dow Jones monte en flèche et j'ai _____ (3) une bouffée d'inflation. Je bondis _____ (4) à la rencontre de ton produit intérieur brut et tu me signes _____ (5) un chèque en blanc. Comme tu as le don de calmer le cours de ma bourse!

Mon beau huard, si stable sur le marché de nos échanges, je te donnerais un titre royal si j'en avais les moyens. _____ (6) je ne veux pas connaître de récession avec toi. _____ (7) je t'offre ces quelques mots d'amour, car les mots sont encore hors taxes et l'amour est encore un abri fiscal toléré par nos dirigeants.

Mon cher partenariat en or, laisse-moi ajouter, _____ (8), que je compte faire des affaires avec toi encore longtemps, longtemps, longtemps…

Source: adapté d'une lettre de levée de fonds du Festival du Théâtre des Amériques.

## EXERCICE 10    Révision des formules épistolaires: les lettres de la leçon 5

**Construisez une phrase avec chacun des groupes de mots suivants en respectant leur ordre.**

1. annonce / insérer / *Le Matin* / soumettre / candidature / poste / recherchiste / vacant / agence /

_____

_____

*Grammaire, anglicismes, vocabulaire, stylistique*          **LEÇON 17**     **205**

2. relever / *La Presse* / offre d'emploi / agent de réclamations / permettre / poser / candidature / poste /

_____

_____

3. examiner / attention / lettre / solliciter / emploi / secrétaire général / maison /

_____

_____

4. avoir le regret / informer / candidature / ne pas être retenu. / garder / demande / dossier / au cas où / vacance / se présenter /

_____

_____

5. se tenir à / disposition / passer / entrevue / à l'heure et au jour / convenir; / soumettre / pièce justificative / pertinent /

_____

_____

# Leçon 18

## EXERCICE 1   La concordance des temps: synthèse

**Complétez les phrases suivantes en mettant les verbes entre parenthèses au mode et au temps qui conviennent. (*Consultez les tableaux 12 et 13.*)**

1. C'est le meilleur stage que nous _____ (ne jamais suivre).

2. Nos analystes savaient que les cours _____ (chuter) bientôt.

3. Notre courtier doute que les actionnaires _____ (devoir) vendre, même à ce prix.

4. Le trésorier va finir ses calculs avant que vous ne _____ (venir).

5. Nous avons reçu l'assurance que les plans _____ (être achevé) demain.

6. Le secrétaire a envoyé l'ordre du jour comme je lui _____ (demander) de le faire vendredi passé.

7. Il y a seulement deux experts qui _____ (être en mesure) de nous aider.

8. L'usine deviendra rentable pour peu que nous _____ (s'équiper) de nouvelles machines.

9. Les résultats du trimestre ont été meilleurs qu'on ne le _____ (prévoir) l'automne dernier.

10. Nous soumissionnerons, non pas que l'on _____ (avoir) beaucoup d'espoir mais pour nous faire mieux connaître.

11. Mon associé désire louer un hangar où l'on _____ (pouvoir) entreposer ces caisses.

12. Victor Lebois admira ce que les architectes-paysagistes lui _____ (montrer, rapport de simultanéité).

13. Quand bien même nous _____ (augmenter) notre part du marché, cela ne nous éviterait pas de lourdes pertes cette année.

14. S'ils _____ (voter) hier en faveur de cette fusion, nous les aurions soutenus.

15. Elle ne croit pas que vous _____ (envisager) sérieusement d'investir dans ce film.

16. Selon que vous _____ (réussir) ou _____ (échouer), nous répondrons à votre requête.

# EXERCICE 2    L'adjectif verbal ou le participe présent

**Dans les phrases suivantes, ajoutez aux mots incomplets les terminaisons qui conviennent et précisez s'il s'agit d'un participe présent (PP) ou d'un adjectif verbal (AV). (*Consultez le tableau 14.*)**

Ex.:   Domin *ant* (PP) par sa stature et son flegme les autres membres du conseil, il imposait le respect.

1. Je m'adresse à vous comme à l'un des administrateurs les plus marqu _____ ( _____ ) et influ _____ ( _____ ) de notre conseil.

2. En adhér _____ ( _____ ) il y a quelques mois à votre association, j'espérais obtenir d'excell _____ ( _____ ) conseils de gestion.

3. Votre proposition, précéd _____ ( _____ ) celle du chef de service, a été retenue. Les deux postes vac _____ ( _____ ) seront attribués par voie de concours.

4. Mes employeurs précéd _____ ( _____ ) ont toujours été satisfaits de mes services.

5. Nous vous serions reconnaiss _____ ( _____ ) de nous faire parvenir les renseignements demandés.

6. La réceptionniste s'est montrée néglig _____ ( _____ ) dans cette affaire.

7. Les machinistes, communi _____ ( _____ ) leurs craintes aux autres ouvriers, ont fait pencher la balance dans le débat.

8. Nous n'avons eu qu'à nous louer de son travail, de sa compétence et de son caractère concili _____ ( _____ ). Néglig _____ ( _____ ) trop souvent sa tâche, son prédécesseur avait fini par perdre la confiance des employées du service.

9. Les magasins Zéma disposent cette année de moyens correspond _____ ( _____ ) à ceux des chaînes concurrentes.

10. Les factures ne compren _____ ( _____ ) pas la description détaillée des marchandises ne seront pas acceptées.

11. Différ _____ ( _____ ) son paiement, il enverra une lettre de réclamation à son fournisseur.

12. Les recommandations des ingénieurs sont plus réalistes dans les coûts, différ _____ ( _____ ) en cela de celles de l'architecte.

13. N'ignor _____ ( _____ ) pas vos difficultés actuelles, je vous propose des conditions équival _____ ( _____ ) à celles de l'année dernière.

14. La première phase de ces projets très pay _____ ( _____ ) sera terminée dans 18 mois, coïncid _____ ( _____ ) ainsi avec l'ouverture de notre nouvelle salle d'exposition.

## EXERCICE 3    Le mot «légal»

L'adjectif «légal» est bien souvent mal utilisé en français. L'influence de son frère anglais est ici manifeste. Tout ce qui est *legal* en anglais n'est pas forcément «légal» en français.

**A)  Corrigez les phrases suivantes, s'il y a lieu.**

1.  Cette étudiante se destine à une carrière légale.  _____

2.  Le service légal de l'entreprise s'occupera de ce différend.  _____

3.  Nous engagerons des poursuites légales contre ce concurrent.  _____

4.  Nous vous ferons parvenir le document légal dans quelques jours.  _____

5.  Je vous conseille de faire appel à un expert légal.  _____

6.  La loi considère les jours fériés comme des fêtes légales.  _____

7.  Ces deux avocats ont ouvert une étude légale depuis peu.  _____

8.  Les dimensions de ce contenant sont parfaitement légales.  _____

**B)  À l'aide d'un dictionnaire, trouvez les trois sens de l'adjectif «légal».**

1.  _____

2.  _____

3.  _____

**C)  Traduisez les phrases suivantes.**

1.  We intend to take legal action against this supplier.

   _____

2.  That group of consumers decided to get legal advice.

   _____

**A)  Corrigez les phrases suivantes en remplaçant le mot «finalisé» par le terme approprié.**

1.  Hydro-Québec a (finalisé) _____ son emprunt.

2.  Le négociateur prétend que l'accord sera bientôt (finalisé) _____.

3.  J'ai (finalisé) _____ ma demande de subvention.

**B)  Traduisez les phrases suivantes.**

1.  We hope to finalize this agreement by the end of the year.

    _____

    _____

2.  It took them months to finalize the terms of the renewed contract.

    _____

    _____

**C)  Corrigez les phrases suivantes, s'il y a lieu.**

1.  C'est l'édition finale de son œuvre.                    _____

2.  Nous vous communiquerons les résultats
    finals du concours.                                      _____

3.  Mettons un point final à cette affaire.                _____

4.  Votre offre est-elle finale?                            _____

5.  Vous passerez l'épreuve finale du concours le
    mois prochain.                                          _____

## Vocabulaire

**EXERCICE 5      Le vocabulaire des relations de travail (2)**

**A)  Complétez les phrases suivantes à l'aide du vocabulaire proposé.**

prérogative / convention collective / népotisme / grief / accréditation / en sus / maraudage / cotisation / mise à pied / prime / briseur de grève / arbitrage / parité / tutelle syndicale /

1.  Pendant longtemps, les travailleurs canadiens de l'automobile ont réclamé

    le(a) _____ de salaire avec les travailleurs américains.

2.  Dans ce cas, seul le(a) _____ des propositions finales permettrait de régler le différend entre patrons et ouvriers. L'employeur et le syndicat seraient alors obligés de présenter des propositions raisonnables.

3.  Le syndicat national a le droit, s'il veut empêcher une mauvaise gestion d'un syndicat local, d'exercer un(e) _____ ; il prend alors en main l'administration des affaires internes.

4.  Dans une clause de le(a) _____, il est spécifié que l'employeur est tenu de prélever les _____ syndicaux(ales) sur la paie des salariés.

5.  Comme ce genre de travail est pénible, et même dangereux, on verse _____ des taux normaux de salaire un(e) _____.

6.  Dans une négociation, les employeurs ont souvent peur de voir s'effriter leurs _____ concernant l'embauchage.

7.  Les dirigeants du syndicat ont dénoncé les pratiques de _____ de certains directeurs. Selon eux, des promotions ont été accordées à des employés parents avec des membres de la direction.

8.  Le contrat syndical stipule quelle est la procédure de règlement des _____. Parfois, il faut les soumettre à l'arbitrage.

9.  Pendant cette période de _____, les recruteurs syndicaux tentent de convaincre les travailleurs de changer de syndicat.

10.  Le gouvernement a menacé le syndicat de lui enlever son(sa) _____ s'il ne se conforme pas à la loi.

11.  Le code du travail interdit aux employeurs d'embaucher des _____ pour remplacer les grévistes dans l'usine.

12.  En raison de la situation économique, la direction de l'entreprise a annoncé le(a) _____ d'une centaine d'employés pour une période indéterminée.

**B) Traduisez la phrase suivante.**

The salary for the position was set, but the fringe benefits were negotiable.

_____

_____

# EXERCICE 6    Les mots désignant une fonction

**Trouvez dans la liste proposée les mots qui correspondent aux définitions suivantes. Utilisez le dictionnaire. Attention, il peut y avoir plus d'une réponse dans certains cas.**

bénéficiaire / commissaire / actuaire / sociétaire / publicitaire / titulaire / obligataire / gestionnaire / commanditaire / fiduciaire / actionnaire / légataire / manutentionnaire / réceptionnaire / allocataire / soumissionnaire / surnuméraire / prestataire / commissionnaire / transitaire / dépositaire / cessionnaire / mandataire /

1.   Employé recruté à titre provisoire par l'administration. _____

2.   Bailleur de fonds dans une société en commandite. _____

3.   Personne qui bénéficie d'une somme allouée,
     d'une prestation en argent. _____

4.   Spécialiste de la statistique et du calcul
     des probabilités pour les assurances. _____

5.   Personne chargée de restituer les biens (don, legs)
     à un tiers en vertu d'un fidéicommis. _____

6.   Créancier dont le droit découle d'un titre
     d'obligation négociable. _____

7.   Commerçant ou courtier qui s'occupe du transport
     des marchandises quand celles-ci ne font
     que transiter. _____

8.   Concurrent à un marché par adjudication qui,
     par un acte écrit, fait connaître ses conditions et
     s'engage à respecter le cahier des charges. _____

9.   Personne qui prend livraison de la marchandise et
     qui en vérifie la nature, la quantité et la qualité. _____

10.  Personne à qui on a cédé un droit ou un bien. _____

11.  Personne qui a une fonction, une charge pour
     laquelle elle a été personnellement nommée. _____

12.  Personne qui conçoit, rédige et dessine
     des annonces. _____

13.  Personne qui bénéficie d'un legs. _____

14.  Personne chargée de la marchandise au moment de
     l'emmagasinage, de l'expédition et de la vente. _____

## A)  Les titres et les fonctions

**Trouvez dans la liste proposée les titres qui correspondent aux définitions suivantes.**

séquestre officiel / vérificateur / notaire / syndic / créancier / intimé / huissier / greffier / requérant / failli / demandeur /

1.  Personne responsable de l'administration et de la liquidation des biens de la personne qui a déclaré faillite. _____

2.  Officier public dont la principale fonction est de recevoir et de rédiger des contrats de vente de biens immobiliers, des testaments, etc. _____

3.  Personne dont la responsabilité est de signifier les procédures comme les brefs, les saisies, etc. _____

4.  Commerçant qui a fait faillite. _____

5.  Personne qui fait une requête en justice devant le tribunal. _____

6.  Agent qui reçoit en dépôt les biens du failli et qui préside l'assemblée des créanciers. _____

7.  Partie contre laquelle une requête en justice a été faite. _____

8.  Titre donné à un expert-comptable qui fait l'expertise d'un état financier. _____

9.  Personne à qui on doit de l'argent. _____

10.  Officier qui reçoit les documents déposés au greffe et qui assiste le juge. _____

## B)  Trouvez dans la liste proposée les mots qui correspondent aux définitions suivantes.

contentieux / usure / cautionnement / saisie / affidavit / citation à comparaître / usufruit / protêt / délit d'initié / concordat / ordonnance / collusion /

1.  Ordre de la cour qui vous oblige à comparaître. _____

2.  Procédure qui permet de mettre sous la main de la justice des biens au profit d'un créancier. _____

3.  Droit de jouir de biens dont on n'a pas la propriété. _____

4.  Acte par lequel une personne s'engage envers le créancier à acquitter la dette du débiteur si ce dernier ne paie pas. _____

5. Accord secret entre deux personnes pour tromper une tierce partie.

_____

6. Fait de prêter à des taux excessifs.

_____

7. Accord par lequel les créanciers s'entendent avec le failli pour la remise de sa dette.

_____

8. Service qui s'occupe des affaires litigieuses dans une entreprise.

_____

9. Acte officiel, notarié, pour la constatation d'une faute de paiement à l'échéance.

_____

10. Décision ou règlement émanant d'un tribunal.

_____

11. Action illicite d'un individu qui profite d'informations confidentielles obtenues grâce au poste qu'il occupe.

_____

## Stylistique

## EXERCICE 8    Les propositions subordonnées «en cascade»

Les textes ci-dessous sont lourds et de construction trop compliquée. La succession «en cascade» de propositions subordonnées en rend la lecture et la compréhension difficiles.

**Récrivez les phrases suivantes en réduisant par divers procédés stylistiques le nombre de subordonnées. N'hésitez pas à scinder la phrase si cela est nécessaire.**

Ex.: Une entreprise *qui* est en pleine expansion et *qui* se soucie de la productivité a besoin d'un photocopieur *qui* soit performant et *dont* la fiabilité est reconnue.
*Une entreprise en pleine expansion qui se soucie de la productivité a besoin d'un photocopieur performant et fiable.*

1. Nous sommes conscients *que* vous devez évaluer tous les avantages et les inconvénients *que* pourrait amener cette nouvelle situation *parce qu'*il est clair *que* les enjeux sont importants.

_____

_____

_____

2. *Lorsque* j'étais relationniste, le travail *que* je faisais consistait à prendre contact avec des gens d'affaires *dont* les intérêts rejoignaient les nôtres *afin qu*'ils soient mis au courant *de ce que* nous voulions faire.

_____

_____

_____

3. L'agence Select *avec laquelle* nous faisons affaire pour l'édition du catalogue propose *que* le format soit modifié et *qu*'il y ait plus de photos, *ce qui* nous paraît souhaitable *même si* cela représente une augmentation sensible des coûts de production.

_____

_____

_____

4. *Lorsqu*'elles envisagent d'acquérir des robots, les entreprises *qui* œuvrent dans ce secteur ne savent pas très bien *ce qu*'il leur faut *parce qu*'elles n'ont pas établi clairement leurs besoins, *de sorte qu*'elles se découragent vite *quand* on leur parle de recherches et d'essais préalables.

_____

_____

_____

5. Monsieur,

*Parce que* je suis dans une situation financière difficile, je ne peux vous régler les montants *que* je vous dois et *que* vous me réclamez dans votre lettre du 10 courant. Je propose *que* je vous verse un tiers maintenant, *vu que* j'ai vendu mon petit fonds de commerce de la rue Sablière et *que* je dispose d'un peu plus de liquidités. Je regrette *que* je ne peux pas faire davantage *que ce que* je propose, mais je veux *que* vous sachiez *que* je fais tout mon possible *pour que* mes dettes soient remboursées.

_____

_____

_____

_____

## EXERCICE 9    Impropriétés: barbarismes et solécismes (1)

Employer un mot de façon déformée ou dans un sens qu'il n'a pas constitue un barbarisme; le solécisme est un emploi fautif qui a trait à la syntaxe.

**Les phrases suivantes contiennent une tournure fautive relativement courante. Trouvez-la et proposez une correction.**

1.   Je propose une session pour quatre ou cinq vendeurs dès ce mois-ci.

2.   Le chef de service est furieux après un des commis.

3.   Il risque de gagner beaucoup d'argent dans cette affaire.

4.   Il a appris la vente de Fermac inc. en lisant un article sur le journal.

5.   En tant que chimiste, elle a davantage de compétence que lui.

6.   La présidente vous téléphonera aussitôt son retour.

7.   Selon nos informations, la situation va de mal en pire.

8.   Cet appareil est susceptible de produire à une cadence très rapide.

9.   Ce matin, il est rentré à 8 h 30 à l'usine.

10.  C'est la secrétaire qui a la responsabilité d'aller déposer à la banque.

11.  Il m'est apparu très troublé par cette annonce.

12.  Madame Young a ouvert un commerce dans une rue très passagère.

13.  Quant à la question de l'environnement, la société a fait de notoires progrès.

14.  Nous changeons nos heures d'affaires pour mieux servir notre clientèle.

15.  Le chèque a finalement été retracé.

**Construisez une phrase avec chacun des groupes de mots suivants en respectant leur ordre.**

1.  être reconnaissant / bien vouloir / fournir / appréciation / candidate / notamment / aptitude / diriger / personnel /

    _____

    _____

2.  remercier / avance / amabilité / prier / agréer / sentiments les meilleurs /

    _____

    _____

3.  être satisfait / dévouement / compétence / madame Faucheux / faire preuve / cinq années / collaboration /

    _____

    _____

4.  avec plaisir / répondre / affirmativement / demande / présider / comité / organisation / Salon des artisans /

    _____

    _____

5.  espérer / comprendre / contrainte / obliger / décliner / invitation / être en mesure / trouver / conférencier /

    _____

    _____

# Leçon 19

## EXERCICE 1    La distinction entre le participe présent, l'adjectif et le nom

**Complétez les textes suivants à l'aide du participe présent (PP), de l'adjectif (A), de l'adjectif verbal (AV) ou du nom (N) approprié. Indiquez la nature des termes à l'aide des sigles grammaticaux. (*Consultez le tableau 14.*)**

A)  *différend*                *différent*                *différant (deux sens)*

Vous reconnaîtrez, j'en suis sûr, que _____ ( _____, 1) mesures doivent être prises

pour corriger la situation. Tout le personnel est au courant de nos nombreux _____

( _____, 2), ce qui nuit considérablement au climat dans l'entreprise et à sa réputation en général.

Quant aux mesures à prendre, si nous nous entendons sur leur nature, nous divergeons sur leur mode

d'application. Deux options, _____ ( _____, 3) radicalement l'une de l'autre, ont été

proposées, et nous devons nous prononcer là-dessus. Il faut donc que nous, les membres du conseil,

votions sans délai, ne _____ ( _____, 4) plus une décision attendue par tout le monde.

B)  *adhérent*                *adhérent*                *adhérant (deux sens)*

En _____ ( _____, 1) à notre Association de décorateurs, vous bénéficiez d'une réduction

de 10 % auprès de la plupart des détaillants. Nous comptons plus de 760 _____

( _____, 2) dans notre réseau et nous vous invitons à vous joindre à nous. Nous publions un bulletin tri-

mestriel dans lequel vous trouverez une foule d'informations extrêmement utiles. Tout décorateur

_____ ( _____, 3) pourra avoir accès à notre liste de clients pour ses envois publicitaires.

Nous faisons également la promotion de certains produits que nous avons testés nous-mêmes. Dans le

prochain numéro du bulletin, nous présenterons la série *Élégance*, des accessoires de salle de bains

d'excellente qualité. _____ ( _____, 4) facilement aux céramiques, ces accessoires

vous sont offerts dans une gamme variée de couleurs. Quand on choisit des accessoires

_____ ( _____, 5), on veut être sûr qu'ils résistent efficacement aux pires conditions

d'utilisation, à l'eau, à la chaleur, aux produits nettoyants, etc. Or, nos tests ont démontré que les pro-

duits *Élégance* résistaient mieux que les autres.

C) *résidant*                *résidant*             *résident*

La Maison d'accueil est censée offrir plusieurs services à toutes les personnes _____

(_____, 1). Malheureusement, il existe une discrimination discrète mais efficace.

_____ (_____, 2) ici depuis six mois déjà, je n'accepte pas qu'on refuse des services

aux _____ (_____, 3) étrangers sous prétexte qu'ils sont sans emploi.

---

## EXERCICE 2    Les transformations d'accord attribuables à un changement de mot

> Au cours de la révision d'un texte, il arrive que l'on change un mot important dans la phrase, ce qui oblige à vérifier les différents accords.

**Récrivez les phrases suivantes en remplaçant le mot en italique par celui qui est proposé. Faites les accords qui s'imposent. (*Consultez les tableaux 9, 10 et 11.*)**

Ex.:    *Le sondage* qu'elles ont mené cet hiver s'est révélé rigoureux et tout à fait conforme à celui qui avait été fait par l'agence Profil.

       *Les enquêtes qu'elles ont menées cet hiver se sont révélées rigoureuses et tout à fait conformes à celles qui avaient été faites par l'agence Profil.*

1.   Le nouvel *accord* qui a été conclu entre la Banque du Nord et la maison de courtage Roiselle & Francœur ne pourra être modifié au cours des deux premières années. Considéré par les analystes comme original et prometteur, mais comme insatisfaisant par le ministre, cet *accord*, qui sera signé la semaine prochaine, devrait être particulièrement avantageux pour la Banque du Nord.

L'entente: _____

_____

_____

_____

2.   Le *télescope* dont vous nous avez annoncé l'envoi dans votre lettre du 15 avril ne nous est pas encore parvenu. Or, d'après vos informations, il a été expédié le 12 avril, emballé dans une caisse spéciale parce qu'il est extrêmement fragile. Nous sommes obligés de le considérer comme perdu ou volé. Puisque nous l'avons payé à l'avance, nous exigeons un remboursement immédiat.

Les lunettes astronomiques: _____

_____

_____

_____

_____

3. Très ambigu et tendancieux (c'est du moins ainsi que les journalistes présents l'ont perçu), le *discours* qu'a tenu le commissaire industriel se voulait pourtant optimiste et persuasif. Celui de la mairesse a été ressenti par les congressistes comme beaucoup plus clair et concis.

Les paroles: _____

_____

_____

_____

4. Le seul *employé* qui s'est présenté devant la commission avait été délégué syndical en 1996 et mis à la porte à cause d'un débrayage illégal. L'employeur l'avait réembauché, et il est maintenant contrôleur des machines. Fort de son expérience et bien conseillé par son avocat, il s'est efforcé de convaincre les membres de la commission qui l'ont interrogé pendant plus de deux heures.

L'employée: _____

_____

_____

_____

_____

## EXERCICE 3    L'orthographe

**Complétez chacune des phrases suivantes en choisissant l'une ou l'autre des formes proposées.**

1. Le _____ a déposé une soumission très intéressante.

   a) fabricant          b) fabriquant

2. Nous exigeons un _____ de 1000 $ au moment de la signature du contrat.

   a) acompte            b) accompte

3. Tous les ingénieurs étaient _____ devant les plans.

   a) septiques          b) sceptiques

4. Nous vous informons que notre nouvelle _____ de la rue Pilon est maintenant ouverte.

   a) papeterie          b) papetterie

5. Nous avons _____ de lourdes pertes à cause de cette erreur.

   a) encourru           b) encouru

6. La _____ des ouvriers se fera sur le chantier tous les vendredis.

   a) rénumération       b) rémunération

7. Il faut faire pression à tous les _____ administratifs.

   a) paliers                  b) palliers

8. La vente de son _____ de commerce lui a rapporté la coquette somme de 160 000 $.

   a) fond                     b) fonds

9. Cette enquête démontre que, _____ les employées, certaines accepteraient d'être mutées.

   a) parmi                    b) parmis

10. Le _____ ne veut pas entendre parler de ces mesures.

    a) patronat                b) patronnat

11. D'après le _____ établi par nos économistes, nos exportations ont chuté de 22 %.

    a) diagramme               b) diagrame

12. La nouvelle a été _____ avec calme par les milieux financiers.

    a) accueillie              b) acceuillie

13. Les négociations en vue du _____ de son contrat débuteront dans un mois.

    a) renouvelement           b) renouvellement

14. Vous devriez toucher les _____ de votre pension au plus tard début décembre.

    a) arrérages               b) arriérages

15. L'entreprise a su _____ de la faiblesse du dollar et a augmenté ses exportations.

    a) tirer partie            b) tirer parti

16. Il s'agit d'un cas de discrimination; le règlement est donc applicable en l'_____.

    a) occurence               b) occurrence

# Anglicismes

## EXERCICE 4    Les anglicismes sémantiques

**Dans les textes suivants, corrigez les anglicismes.**

A)  Les contracteurs sont sur la sellette ce mois-ci. Il y a quelques jours, l'Office de la protection du consommateur leur a reproché de ne pas soumettre systématiquement à la clientèle de véritables estimés qui protégeraient mieux les gens contre les abus malheureusement trop fréquents. Aujourd'hui, ce sont les syndicats qui s'insurgent contre le non-respect de normes de sécurité sur les places de travail. Ainsi, même s'ils ont été reconditionnés plusieurs fois, certains appareils électriques ou machines ne sont pas en ordre. Les syndicats demandent au gouvernement d'imposer des mesures drastiques afin de forcer les contracteurs à être plus vigilants.

_____

_____

_____

_____

_____

B)  La réunion du conseil d'administration aura lieu vendredi prochain. Je voudrais inscrire votre point à l'agenda, tout de suite après l'adoption des minutes de la dernière réunion. Je demanderai que l'on prenne le vote après la période de questions.

_____

_____

_____

C)  Le conseil d'administration a décidé de prendre en considération l'offre de la société Bulac à condition que l'on modifie la constitution de la filiale. Par ailleurs, au cours de la réunion d'hier, les directeurs ont appointé mademoiselle Dexter, vice-présidente à la production.

_____

_____

_____

D)  Au bureau chef, nous avons informatisé presque tous nos départements. Nous sommes confiants que la bureautique réduira le travail clérical et améliorera considérablement notre gestion.

_____

_____

_____

## Vocabulaire

## EXERCICE 5    Les comités d'entreprise

**Lisez le texte suivant et répondez aux questions.**

«Le comité d'entreprise, ou ses instances dérivées, constitue un mode très répandu de participation dans les pays européens. Les formules varient d'un pays à l'autre. En général, les comités d'entreprise ont une fonction consultative. Ils ont en priorité des préoccupations d'ordre social. Cependant, en Autriche, ils sont consultés sur des questions de productivité, d'efficacité, de performance. En Allemagne, ils délèguent certains de leurs membres à un comité des finances de l'entreprise. Le grand consensus qui se dégage de ces comités leur confère une réelle autorité morale. [...]

En Suède, [...] on estime que les meilleurs résultats viennent des comités paritaires restreints, attachés à la solution de cas concrets, de problèmes spécifiques. Chez nous, on aurait tendance à parler de comité de relations professionnelles et surtout... de comité ad hoc.»

Source: extrait de l'article «Les comités d'entreprise», Revue *Commerce*, avril 1982, p. 31-32.

1.  Qu'appelle-t-on un *comité paritaire*?

   _____

   _____

2.  Qu'appelle-t-on un *comité ad hoc*?

   _____

   _____

3.  Qu'appelle-t-on la *cogestion*?

   _____

   _____

4.  Qu'appelle-t-on un *consensus*?

   _____

   _____

5.  Qu'appelle-t-on une *instance*?

   _____

   _____

6.  Quand on parle de *fonction consultative*, que veut-on dire exactement?

   _____

   _____

**Complétez les phrases suivantes avec le vocabulaire proposé.**

ordre du jour / quorum / mise en nomination / ajournement / libellé / procès-verbal / irrecevable (forme fautive: hors d'ordre) / amendement / par procuration / proposeur (forme fautive: secondeur) / rappel au règlement (forme fautive: rappel à l'ordre) / motion de renvoi / scrutin / proposeur / résolution /

1. Le nombre de membres réunis ici pour l'assemblée ne constitue pas le(a) _____ requis(e). Nous ne pouvons donc pas siéger.

2. C'est au secrétaire de l'assemblée de consigner dans le(a) _____ toutes les résolutions adoptées.

3. Mᵉ Bolduc propose un(e) _____ qui a pour effet de diviser la proposition telle qu'elle a été formulée par le président.

4. Je ne peux accepter cette proposition tant qu'elle n'a pas reçu l'appui d'un(e) _____.

5. Je demande à la présidente un(e) _____, car, en procédant ainsi, nous contrevenons à la procédure habituelle.

6. Nous ne pouvons pas mettre ce point à le(a) _____ sans le consentement des deux tiers de l'assemblée.

7. Je propose le(a) _____ de cette séance et qu'on en fixe la reprise le 23 avril, à 15 h.

8. Votre proposition n'était pas admissible, c'est pourquoi la présidente l'a déclarée _____.

9. Puisque vous êtes le(a) _____, vous avez droit de réplique aux arguments énoncés durant ce débat.

10. Vous pouvez voter _____ à condition de signer un acte écrit donnant le pouvoir à un autre actionnaire d'agir en votre nom.

11. Comme aucune des candidates n'a rallié la majorité lors de ce premier tour, nous devons recommencer le(a) _____ jusqu'à ce qu'on obtienne la majorité des votes.

12. Puisque votre proposition n'a pas été retenue par l'assemblée, elle ne peut figurer dans le cahier des _____.

13. Le vote se prend selon l'ordre de présentation des _____; nous procéderons ainsi pour cette élection.

14. Il n'a pas rejeté cette proposition mais pour éviter qu'on se prononce sur cette affaire, il a fait adopter un(e) _____.

15. Madame Roberge n'est pas d'accord sur le(a) _____ de votre proposition même si elle en accepte le fond.

## EXERCICE 7    Impropriétés: barbarismes et solécismes (2)

**Chacune des phrases suivantes comporte une tournure relativement courante. Trouvez-la et proposez une correction.**

1. Les prévisions des analystes se sont avérées fausses. _____

2. Nos erreurs de marketing ont bénéficié à la concurrence. _____

3. En définitif, le présent contrat restera valable pendant encore un an. _____

4. Depuis 10 ans, notre productivité a excessivement augmenté. _____

5. Veuillez trouver ci-joint un chèque antidaté du 15 mai prochain. _____

6. Vous n'êtes pas sans ignorer qu'il y a eu signature du contrat. _____

7. Au niveau des avantages sociaux, les négociations n'ont pas fait de progrès. _____

8. Nos hôtes ont tout payé; nous n'avons eu aucun frais. _____

9. Grâce à ces revenus, je serai à l'abri des soucis pécuniers. _____

10. Le propriétaire jouit d'une mauvaise réputation. _____

11. Les revenus du directeur sont conséquents. _____

12. Ce que je viens de dire est valide pour vous aussi. _____

13. Nous passerons une commande pareille que la précédente. _____

14. Quelques créanciers se partageront ses actifs. _____

15. Le ministère a alloué un délai supplémentaire de six mois. _____

16. Je vous serais gré de bien vouloir me faire parvenir ce document au plus tôt. _____

## EXERCICE 8    De la langue parlée au code écrit

**Dans les petits textes suivants, les tournures en italique appartiennent à la langue parlée et sont à éviter dans la langue écrite. Proposez une autre formulation pour chacune d'elles.**

Ex.:  La direction fait cela *par exprès* si l'on se fie *à la manière qu'*elle traite ses employés.
      La direction fait cela exprès (intentionnellement) si l'on se fie à la manière dont elle traite ses employés.

1.  Pour faire ce travail, *ça vous prend* un électricien, deux menuisiers et un plombier. *Nous autres*, nous n'avons pas d'ouvriers libres *dans le moment*.

_____

_____

_____

2.  L'entente est *à la veille* d'être signée, mais *vous êtes mieux* d'attendre la confirmation officielle avant d'annoncer la nouvelle. Vous vous souvenez sans doute *qu'est-ce qui s'est passé* lors de l'affaire Virbus.

_____

_____

_____

3.  Nous organisons cette année la réunion annuelle des designers industriels. *Ça devrait représenter au-dessus de* 200 participants. *Ce que nous avons besoin le plus*, c'est de bénévoles qui s'occuperont de l'accueil. *J'espère de pouvoir* compter sur vous pour que cet événement soit un grand succès.

_____

_____

_____

4.  Malgré la hausse récente des taux d'intérêt, *c'est encore le temps* d'acheter des terrains. Je voyage *à tous les jours à la grandeur de la région* et je peux vous affirmer que les bonnes affaires ne manquent pas. Mais il faut se méfier des agences immobilières. *Jamais j'accepterai* de payer 8 % de plus à cause de la commission.

_____

_____

_____

## EXERCICE 9    Les niveaux de langue

Le choix du niveau de langue est généralement imposé par le contexte. Les passages suivants ne respectent pas ce principe: certains mots ou tournures sont déplacés.

**Soulignez les mots ou tournures déplacés et remplacez-les par un tour plus approprié qui correspond au registre soutenu propre aux communications d'affaires. Faites les modifications qui s'imposent.**

**Ex.:** J'ai lu attentivement votre requête et je dois dire que ça m'a pas mal surpris.

J'ai lu attentivement votre requête et *j'avoue ma surprise* (ou: *j'avoue avoir été fort surpris*).

1. Monsieur,

   Madame J. Dubois m'a conseillé de vous écrire, car vous êtes un membre respecté de notre profession. J'ai lu le rapport annuel de notre association et franchement, ça n'a pas de sens. Le travail a été bâclé, et les conclusions auxquelles les signataires sont arrivés ne tiennent pas debout. Je suis joliment embêté, car on m'a demandé de présenter le rapport à la Fédération.

   _____

   _____

   _____

   _____

   _____

2. Monsieur le Directeur,

   Je tiens à vous remercier pour l'accueil que vous nous avez réservé, à mademoiselle Faucher et à moi-même. C'était chic de votre part de nous avoir autorisés à visiter l'usine. J'en connais qui ne se seraient pas donné cette peine. Nous avons appris des tas de choses nouvelles. J'ai été particulièrement impressionné par ce truc que vous utilisez pour la fabrication des jouets en bois.

   _____

   _____

   _____

   _____

   _____

3. Madame,

   Je n'ai aucune hésitation à vous recommander madame Barakov même si je sais qu'il y a eu des histoires entre elle et son ancien chef de service. Madame Barakov connaît de fond en comble son domaine. Lorsque surgit une difficulté, elle en vient à bout grâce à sa compétence et à sa débrouillardise. Bien qu'elle n'ait pas toujours été tendre avec ses subordonnés, ces derniers l'ont toujours appréciée pour sa franchise et admirée pour son culot.

   _____

   _____

   _____

   _____

   _____

4.  Monsieur,

Je voudrais par la présente vous prévenir de la façon dont s'est déroulée la réunion du comité. Tout était correct jusqu'à ce que je mette sur le tapis la question de la formation professionnelle. J'ai bien vite compris que certains membres du comité rechignaient à aborder cette question sans pourtant oser le dire ouvertement. Ou ils ne réalisent pas à quel point il est urgent d'agir, ou ils refusent de se brancher parce que cela représente un investissement à long terme. Vers la fin de la réunion, je me suis choqué et je les ai accusés d'embrouiller le problème par exprès.

_____

_____

_____

_____

_____

## EXERCICE 10    Révision des formules épistolaires: les lettres de la leçon 5

**Construisez une phrase avec chacun des groupes de mots suivants en respectant leur ordre.**

1.  avoir le plaisir / convier / conférence / droit des affaires / avoir lieu / (date + heure + lieu) /

_____

_____

2.  se voir dans l'obligation / informer / quitter / poste / occuper / actuellement /

_____

_____

3.  tenir à / exprimer / reconnaissance / soutien / apporter / candidature /

_____

_____

4.  souhaiter / prendre / demande / considération / réponse / être favorable /

_____

_____

5.  inviter / ACDI / agir / conseiller fiscal / Bénin / aimer / raison / bénéficier / congé / non payé / six mois /

_____

_____

# Tableaux

## TABLEAU 1 — Les signes de ponctuation

**1. Le point (.)**

- Termine une phrase déclarative, impérative ou interrogative indirecte:
  **Ex.:** Remettez-moi la somme que vous me devez.

- Termine un titre qui comporte une ponctuation interne:
  **Ex.:** Notre nouvelle carte, Visex or, vous en donne plus.

**2. La virgule (,)**

- Sépare les éléments semblables d'une énumération.
  **Ex.:** Nos produits sont solides, fiables, peu coûteux et garantis pendant cinq ans.
  La productivité augmente, les frais d'exploitation sont stables, les profits s'accumulent...

- Isole les mots en apostrophe ou en apposition, les propositions incises, les éléments explicatifs, les propositions relatives à valeur explicative, etc.
  **Ex.:** Le directeur de cette entreprise, monsieur Pierre Morrisset, prédit une faillite imminente.
  Nos produits, qui sont d'excellente qualité, se vendent comme des petits pains chauds.

- Remplace un mot qu'on omet de répéter; elle marque ainsi une ellipse.
  **Ex.:** Georges étudie la gestion; Simon, le marketing.

- Suit une proposition subordonnée ou un complément circonstanciel (sauf s'il est court) placés en début de phrase.
  **Ex.:** Quand le président-directeur général a commencé à parler, tout le monde s'est tu. Depuis plus de 10 ans, nous sommes les premiers vendeurs d'automobiles au Québec.

- Sépare les éléments coordonnés par <u>plus de deux</u> «ni», «ou», «et».
  **Ex.:** Un bon financier ne pleure ni ses amis, ni sa femme, ni ses enfants. (*La Bruyère*)

- Précède la conjonction «et» quand elle unit deux propositions de constructions différentes ou quand une de ces propositions contient déjà le mot «et».
  **Ex.:** Il avait prévu la faillite, et les événements lui ont donné raison. Il avait prévu la crise et la faillite, et il a donné sa démission.

- Se place devant «mais» et «car» quand ce qui précède est long.
  **Ex.:** Je suis d'accord avec vous au sujet de nos comptoirs de vente, mais j'estime que...

**3. Le point-virgule (;)**

Sépare des propositions de même nature ou les parties d'une phrase déjà coupée par des virgules.
**Ex.:** Ce que je sais, c'est que vous mentez; ce que j'ignore, c'est la vérité.

**4. Les deux-points (:)**

Servent à annoncer une énumération, une citation ou des paroles rapportées, une explication, une preuve, un rapport de cause ou de conséquence, un exemple. Ils sont suivis d'une espace.
**Ex.:** Nous avons renoncé à ce projet: il était irréalisable.
Il a ajouté: «Les tâches à effectuer seront: répondre au téléphone, recevoir les clients et dépouiller le courrier.»

**5. Les points d'interrogation (?) et d'exclamation (!)**

Accompagnent une interrogation ou une exclamation <u>directe</u>.
**Ex.:** «Avez-vous remboursé votre dette?» demanda l'administrateur adjoint.
«Mais oui, bien sûr!» répondit monsieur Sansouci.

**6. Les points de suspension (...)**

• Indiquent que la phrase est inachevée (volontairement ou non).
**Ex.:** Les tâches à effectuer seront: répondre au téléphone, recevoir les clients, dépouiller le courrier...

• Indiquent une coupure dans une citation; on les place alors entre crochets.
**Ex.:** La société Latran [...] réalise des ventes annuelles de quelque 500 millions de dollars.

*Remarque*
On ne met pas de points de suspension après l'abréviation «etc.».

**7. Les parenthèses ( ), le tiret — et les crochets [ ]**

Les parenthèses isolent un membre de la phrase et en indiquent le caractère non essentiel. Les tirets isolent aussi des éléments de la phrase, mais pour les mettre en relief. Les crochets s'emploient pour isoler un élément d'une phrase qui est entre parenthèses.
**Ex.:** Le tableau sur les valeurs mobilières (voir p. 3 de l'annexe) indique que...
Je crois fermement — et je ne suis pas le seul — que ce comptable devrait être congédié.
(Pour les indices sur les valeurs mobilières, reportez-vous au tableau explicatif [p. 53] et à...).

**8. Les guillemets (« »)**

Servent à encadrer une citation ou des mots, insolites, particuliers.
**Ex.:** L'employé de la banque m'a dit: «Votre compte est en souffrance.»

**9. La barre oblique (/)**

Est un signe de division ou d'alternative.
**Ex.:** Les taux d'intérêt sont maintenant de 5 ½ %.
Vous devrez travailler au moins 40 heures/semaine.

TABLEAU 2   Les signes orthographiques

1. **Les accents**

   - Accent grave devant une syllabe muette: problème, règlement, avènement, grève...

   - Accent aigu
     — devant une syllabe non muette: réglementaire, problématique, transférer, gérer...
     — dans les verbes en «É-ER» au futur ou au conditionnel: il ne cédera pas...

   - Aucun accent devant une consonne redoublée: intéressant, effectif, voyelle...

   - Accent circonflexe
     — sur le «i» suivi d'un «t» dans les verbes en -aître et -oître: il paraît que...;
     — sur le «u» du participe passé masculin des verbes *croître*, *devoir* et *mouvoir*: crû, dû, mû;
     — sur le «o» des pronoms possessifs: le nôtre, les vôtres;
     — sur le «u» des adjectifs *mûr*, *sûr*;
     — sur le «a» des adjectifs qui se terminent en -*âtre*: rougeâtre, blanchâtre...;
     — sur le «u» de certains adverbes: assidûment, dûment...

2. **Le tréma**

   Se place sur les voyelles «e», «i» et «u» pour indiquer que la voyelle qui précède doit être prononcée séparément: ambiguë, haïr, naïf...

3. **La cédille**

   Se place sous le «c» pour indiquer qu'il se prononce «s» devant les voyelles «a», «o» et «u»: français, façon, aperçu...

4. **Le trait d'union**

   Sert à unir les éléments de certains mots composés. Dans plusieurs cas, l'usage est flottant; il faut consulter un dictionnaire.

   - En général, on écrit sans trait d'union les mots composés avec:
     — *adjoint, aéro, anti, co, inter, petro, post, pré, super, sus, télé, trans,* etc.;
     — *électro, hydro, micro, photo, radio* (si le second élément du mot commence par une consonne).

   - En général, on écrit avec un trait d'union les mots composés avec:
     — *semi, demi, mi, après, arrière, avant, contre, court, entre, ex, extra, sans, sous, vice, conseil, porte,* etc.

   *Attention*

   Il existe plusieurs exceptions.

# TABLEAU 3    L'emploi de la majuscule

### 1.  Emploi de la majuscule

On emploie la majuscule en début de phrase, après le point, après les points d'interrogation, d'exclamation, de suspension, mais non après le point-virgule.

### 2.  Noms propres

Noms de personnes, de races, de nations, de peuples, de fêtes, de dates, de guerres, de certains lieux, d'événements historiques:
**Ex.:** René Lévesque, les Parisiens, la fête du Travail

### 3.  Noms géographiques

Noms de continents, pays, régions, villes, fleuves, rues, etc.
**Ex.:** le Moyen-Orient, l'Asie du Sud-Est, le Canada

Le générique prend la minuscule, le distinctif, la majuscule:
**Ex.:** le lac Beaufort, le boulevard Saint-Martin

### 4.  Noms de sociétés et d'organismes

Emploi de la majuscule pour *souligner* le caractère unique de l'entité.
**Ex.:** le Conseil des services essentiels, la Faculté d'administration, la Banque italienne de développement, le Service linguistique

Emploi de la minuscule quand on considère le générique comme un nom commun:
**Ex.:** Le bureau d'accueil restera ouvert jusqu'à 19 h.
Le comité siégera toute la matinée.

*Usages particuliers*
• «ministère», «gouvernement» et «province» prennent généralement la minuscule.
• «Université» prend généralement la majuscule.

### 5.  Noms de fonctions et titres

En général, les noms de fonctions et les titres sont considérés comme des noms communs, donc pas de majuscule.
**Ex.:** le vice-président de l'Association des détaillants
Le chef du service des achats, le juge de la Cour d'appel

On emploie la majuscule dans les appels, les vedettes ou formules de politesse, ainsi qu'avec les titres de civilité abrégés; dans les mots composés, on met la majuscule au premier titre.
**Ex.:** Mademoiselle la Trésorière,
Veuillez agréer, Monsieur le Ministre,
Mme/MM.
Madame la Vice-présidente,

### 6.  Noms communs et adjectifs

Emploi de la majuscule lorsque les noms communs et les adjectifs sont considérés comme des noms propres ou qu'ils revêtent un sens particulier.
**Ex.:** La Loi sur l'assurance-chômage, une raison d'État, l'Administration de l'Université, l'Église protestante

---

* Ne pas oublier que les majuscules prennent les accents, le tréma et la cédille.

# TABLEAU 4    Les styles

**LE STYLE COMMERCIAL**

1. **La clarté de l'objectif de communication**
   - Exprimer l'objectif de communication: informer, demander, refuser, convaincre, critiquer, autoriser, etc.

2. **La prudence**
   - S'assurer que les engagements pris pourront être tenus;
   - Éviter toute exagération inconsidérée;
   - Faire preuve d'un minimum de sens stratégique.

3. **L'efficacité et la concision**
   - Éviter les digressions, les redites, le remplissage, les superfluités, et viser l'essentiel;
   - Utiliser judicieusement les abréviations, les sigles et même le style télégraphique;
   - Recourir avec jugement aux ellipses, aux juxtapositions, à certains raccourcis, mais sans que la précision n'en souffre.

4. **La précision**
   - Éviter les équivoques, les contresens, les ambiguïtés;
   - Employer correctement le vocabulaire spécialisé;
   - Proscrire les phrases complexes comportant plusieurs propositions subordonnées, les phrases «à tiroirs»;
   - Faire attention aux charnières et au rapport qu'elles indiquent;
   - Éviter les constructions passives trop impersonnelles;
   - Se méfier des omissions, même involontaires;
   - Donner toutes les références utiles aux fins de classement ou de recherche.

5. **Le ton et la courtoisie**
   - Opter pour un ton personnel, mais éviter un ton familier;
   - Savoir se mettre à la place de son correspondant, respecter ses usages et son mode de fonctionnement;
   - Faire preuve de tact, de courtoisie et de politesse;
   - S'assurer du poids des mots et de la justesse du registre de langue;
   - Savoir dans certains cas être ferme tout en restant courtois.

## LE STYLE PUBLICITAIRE

- Permet une plus grande liberté lexicale et stylistique;
- A recours fréquemment aux adjectifs et aux adverbes;
- Utilise souvent des phrases exclamatives, et dans certains cas des interjections ou des locutions interjectives;
- Exploite les slogans, les jeux de mots, les mots-valises;
- Se sert de phrases courtes, de formules frappantes et concises, parfois de métaphores;
- Se caractérise par un style nerveux et évocateur.

## LE STYLE ADMINISTRATIF

- Est soumis à des règles et à des usages qui en font un style plus «formel»;
- Emploie constamment des formules stéréotypées et des constructions figées;
- Utilise beaucoup de charnières et de connecteurs (conjonctions);
- Se sert de phrases souvent plus longues et plus complexes;
- A recours à un ton impersonnel (c'est la «fonction» qui parle).

# TABLEAU 5    Le résumé

**1<sup>re</sup> étape    *Lire et comprendre le texte***

1.1    Saisir le sens général du texte et en analyser chaque difficulté de détail (un mot difficile, une construction complexe, une référence particulière, etc.).

1.2    Distinguer les différentes parties et en dégager les idées principales et secondaires. Cela signifie relire attentivement le titre, l'introduction, les sous-titres, la première et la dernière phrase de chaque paragraphe, et repérer les liaisons et les charnières.

**2<sup>e</sup> étape    *Retrouver le plan du texte***

Reconstituer sous forme de plan l'organisation du texte de façon à pouvoir le «visualiser». Les enchaînements et l'ordre logique apparaîtront alors dans un ensemble cohérent.

**3<sup>e</sup> étape    *Transformer le texte***

3.1    Supprimer tout ce qui est accessoire. Il faut veiller à ce que cette opération d'effacement ne modifie pas le sens général du texte.

3.2    Sélectionner les mots clés, porteurs du sens principal. Il sera ainsi plus facile, au moment de la reconstruction, d'éviter de s'éloigner du texte et de rester fidèle à la pensée de l'auteur.

**4<sup>e</sup> étape    *Reconstruire le texte***

4.1    Englober des ensembles (groupes de mots, phrases) dans des termes de portée plus générale, éliminer les répétitions et concentrer les descriptions.

4.2    Éviter de citer les exemples et les illustrations. On peut en donner la signification générale s'ils sont nécessaires à la compréhension d'une idée principale.

4.3    Traduire le texte dans son propre langage en respectant le plan.

*Conseils*

*À faire*

- Être clair et précis.
- Communiquer avec objectivité la pensée de l'auteur.
- Respecter l'ordre des idées ou des faits importants.
- Respecter le ton du texte original.

*À ne pas faire*

- Essayer de tout rapporter.
- Emprunter au texte des phrases ou des expressions entières.
- Mettre ses commentaires ou jugements personnels.
- Changer le niveau de langue du texte original.

# TABLEAU 6    Les charnières

Les expressions du présent tableau ont été groupées sous diverses catégories qui ne sont pas étanches, notamment à cause du nombre de sens possibles de certaines structures.

### 1.    Les charnières d'introduction

à première vue

avant tout

premièrement

au premier abord

de prime abord

en premier lieu

tout d'abord

### 2.    Les charnières de rappel et de liaison

à cet égard

à cet effet

à la lumière de ce qui précède

à titre d'information

compte tenu de ce qui précède

de ce point de vue

en ce qui concerne

en ce qui touche

en ce sens

en rapport avec

pour ce qui est de

selon ce qui précède

sous ce rapport

à ce propos

à ce sujet

à propos de

comme nous l'avons dit plus haut

conformément à ce qui précède

dans un autre ordre d'idées

en ce qui regarde

en ce qui a trait

en raison de ce qui précède

en liaison avec

relativement à

sur ce point

### 3.    Les charnières d'opinion

à mon avis

de l'avis de

en ce qui me concerne

personnellement

quant à moi

à mon sens

du point de vue de

en ce qui me regarde

pour ma part

selon moi

### 4.    Les charnières de développement

après tout

autrement dit

d'ailleurs

en plus

en d'autres termes

entre autres choses

par ailleurs

quoi qu'il en soit

au demeurant

au surplus

de plus

de surcroît

en outre

notamment

par surcroît

## 5. Les charnières de cause et de conséquence

à cause de
à cette fin
attendu que
aussi
compte tenu de
donc
en fait
pour cette raison

à cet effet
ainsi
à vrai dire
c'est pourquoi
de ce fait
en conséquence
partant de ce fait

## 6. Les charnières d'opposition ou de restriction

à la différence de
à l'exception de
à l'opposé de
au demeurant
contrairement à
d'autre part
en dépit de
excepté
malgré
nonobstant
par contre
seulement
toutefois

à l'encontre de
à l'exclusion de
au contraire
cependant
dans la mesure où
d'un autre côté
en revanche
hormis
néanmoins
par ailleurs
sauf
sous réserve de

## 7. Les charnières de manière

à l'appui de
à titre confidentiel
à tous points de vue
de concert avec
de nature à
d'une façon générale
en tout état de cause
selon toute apparence
sans contredit

à titre accessoire
à titre exceptionnel
conformément à
de façon à
de toute manière
en particulier
en toute hypothèse
sans conteste

## 8. Les charnières de localisation (temps et lieu)

à ce jour
actuellement
annexé à
au fur et à mesure
comme suite à
ci-dessous
dans le plus bref délai
de prime abord
encore
immédiatement
jusqu'à présent
primo
secundo
sous-mentionné
sur-le-champ

à compter de
à la suite de
à partir de
au préalable
ci-après
ci-dessus
de nouveau
d'ores et déjà
graduellement
jusqu'à maintenant
précité
sans délai
sans tarder
sporadiquement
susmentionné

## 9. Les charnières de terminaison

| | |
|---|---|
| donc | au fond |
| au terme de | au total |
| dans le fond | dans l'ensemble |
| en conclusion | en définitive |
| en dernière analyse | en dernier lieu |
| en un mot | en fin de compte |
| en terminant | en résumé |
| finalement | en somme |
| pour nous résumer | pour conclure |
| tout compte fait | somme toute |

# TABLEAU 7    Le rapport

**I.    Les pages préliminaires**

- comprennent généralement la page de titre, le sommaire ou la table des matières, la liste des tableaux.

**II.    L'introduction**

- présente clairement le sujet du rapport;

- énonce la question à traiter;

- donne les grandes lignes du développement.

\* Le cas échéant, l'introduction rappelle le mandat de l'auteur et justifie la méthodologie de travail retenue.

**III.    Le développement**

A)  Première idée générale

1.  Idée secondaire
    a)  Les faits
    b)  L'analyse des faits

2.  Idée secondaire
    a)  Les faits
    b)  L'analyse des faits

3.  Courte conclusion

B)  Deuxième idée générale

1.  Idée secondaire
    a)  Les faits
    b)  L'analyse des faits

2.  Idée secondaire
    a)  Les faits
    b)  L'analyse des faits

3.  Courte conclusion

C)  ...

Lier

les

paragraphes

et les

différentes

parties

par

des

transitions

**IV.    La conclusion**

- résume le raisonnement et les courtes conclusions;

- porte un jugement de synthèse et, le cas échéant, présente des propositions;

- invite le ou les lecteurs à passer à l'action;

- élargit le sujet en le plaçant dans un contexte plus général et, le cas échéant, révèle brièvement de nouveaux prolongements.

# TABLEAU 8    Les termes grammaticaux

| **L'ACCORD** | | |
|---|---|---|
| DE L'ADJECTIF | s'accorde en genre et en nombre avec le nom ou le pronom qu'il détermine | une facture *importante*<br>de *beaux* contrats<br>*Contentes*, elles souscrivent. |
| DU PRONOM | s'accorde en genre et en nombre avec le nom qu'il remplace | Si *vos clients* partent demain, j'irai avec *eux*. |
| DU VERBE | s'accorde avec son sujet<br>Consultez le tableau 9. | *La secrétaire et moi* ferons le travail.<br>C'est *toi qui* iras le chercher. |
| DU PARTICIPE PASSÉ | Consultez les tableaux 10 et 11. | |
| **L'ADJECTIF** | qualifie un nom ou un pronom et s'accorde en genre et en nombre avec celui-ci | une *belle* mallette *verte*<br>un bureau *neuf*<br>Elles semblent *satisfaites*. |
| CLASSEMENT DES ADJECTIFS | démonstratif,<br>exclamatif,<br>indéfini,<br>possessif,<br>verbal, etc. | ce<br>*quel* produit!<br>certain, tel<br>mon, notre, leur<br>fatigant, négligent |
| **L'ADVERBE** | détermine un adjectif, un adverbe, une préposition, un verbe, une phrase; invariable | Il est *fort* efficace.<br>Parle *moins fort*.<br>Il sera *là peu* après vous.<br>Elle imprime *si vite*. |
| CLASSEMENT DES ADVERBES | de lieu,<br>de temps,<br>de quantité,<br>de négation,<br>de manière, etc. | ici, dehors<br>hier, après, bientôt<br>peu, assez<br>pas, jamais<br>sérieusement |
| **L'ARTICLE** | détermine un nom et en marque le genre et le nombre | |
| CLASSEMENT DES ARTICLES | défini,<br>indéfini,<br>partitif | *la* commande, *les* factures,<br>*un* cours, *une* idée<br>*du* profit, *de la* concurrence |
| **L'AUXILIAIRE** | un verbe («avoir» ou «être») qui entre dans la formation du passé composé, du plus-que-parfait, etc. | Nous *serons* sortis.<br>Ils *ont* compris.<br>Elle *avait* signé.<br>Il *a été* congédié. |

| | | |
|---|---|---|
| **LE COMPLÉMENT** | un mot, un groupe de mots ou une proposition qui se rattache à un autre mot, généralement un verbe, pour en compléter le sens | |
| LE COMPLÉMENT DÉTERMINATIF ou DE NOM | se rattache à un nom | le drapeau *du Québec* <br> le téléphone *à clavier* <br> une pause *café* |
| LE COMPLÉMENT D'OBJET DIRECT | directement rattaché au verbe | Nous vendons *des textiles*: les achèterez-vous? <br> Tu attends *ton article*? <br> J'ai compris *qu'il mentait*. |
| LE COMPLÉMENT D'OBJET INDIRECT | rattaché au verbe par une préposition | On donne l'argent *au courtier*. <br> On le *lui* donne. <br> Tu écris à *tes créanciers*. |
| LE COMPLÉMENT CIRCONSTANCIEL | indique le temps, <br> le lieu, <br> la manière, etc. | Nous partirons à *l'aube*. <br> Il part *au Manitoba*. <br> Elle s'exprime *avec élégance*. |
| **LA CONJONCTION** | sert à joindre deux mots, deux groupes de mots ou deux propositions de même nature; invariable | |
| DE COORDINATION | marque l'addition, <br> l'opposition, etc. | puis, et, car |
| DE SUBORDINATION | sert à introduire une proposition subordonnée <br> marque un rapport: <br> de temps, <br> de cause, <br> d'opposition, <br> de conséquence, <br> de but, etc. | quand, lorsque <br> puisque <br> bien que <br> si bien que <br> afin que |
| **L'INFINITIF** | un mode du verbe; <br> infinitif présent; invariable; <br> infinitif passé | *Payer* ses dettes, c'est s'*enrichir*. <br> Il dit t'*avoir vu*. |
| **LA LOCUTION** | un groupe de mots constituant une unité sur le plan du sens | |
| CLASSEMENT DES LOCUTIONS | verbale, <br> adverbiale, <br> prépositive, <br> conjonctive, etc. | avoir tort, perdre patience <br> de bon cœur, tout près <br> à cause de, en face de <br> dès que, de même que |

| LE MODE | exprime l'attitude du sujet parlant | |
|---|---|---|
| L'INDICATIF | il existe six modes | Il *part* demain. |
| L'IMPÉRATIF | | *Partez* tout de suite! |
| L'INFINITIF | | Elle veut *partir*. |
| LE PARTICIPE | | *Partis* depuis lundi, ils ne nous ont pas *téléphoné*. |
| LE CONDITIONNEL | | Si vous le vouliez, je *partirais*. |
| LE SUBJONCTIF | | Bien qu'il *parte* demain, il tient à travailler ce soir. |
| **LE NOM ou LE SUBSTANTIF** | | le *chèque*, mon *adjoint*, quelle *idée*! |
| **LE PARTICIPE PRÉSENT** | se termine en *-ant* <br> invariable <br> peut être précédé de «*en*» | Il s'est trompé en *recopiant*. <br> L'employé *ayant* les documents vous appellera. |
| **LE PARTICIPE PASSÉ** | utilisé avec un auxiliaire ou comme adjectif | Elle est vraiment *ravie*. <br> *Fatigué*, il s'est *plaint*. <br> Ils ont *été publiés*. |
| **LA PHRASE** | l'énoncé complet d'une idée | Venez! La réunion est déjà commencée. |
| **LA PRÉPOSITION** | introduit un complément <br> établit un rapport <br> invariable | *après* la conférence <br> *pour* l'entreprise |
| **LE PRONOM** | remplace, en général, un nom et s'accorde avec celui-ci; peut aussi remplacer un adjectif, une idée | Vous *le* saviez? M. Lebrun démissionne. |
| **CLASSEMENT DES PRONOMS** | personnel, <br> démonstratif, <br> interrogatif, <br> possessif, <br> relatif, <br> indéfini | *Je le leur* ai envoyé. <br> celui, ceux, cela <br> qui? quoi? lequel? <br> le mien, les nôtres <br> la transaction *dont* je parlais <br> *Quelqu'un* est venu. |
| **LA PROPOSITION** | mot ou groupe de mots qui forme une phrase ou entre dans la formation d'une phrase | |
| **CLASSEMENT DES PROPOSITIONS** | indépendante, <br> principale, <br> subordonnée, <br>  relative, <br>  conjonctive, <br><br>  infinitive, etc. | Il négociera. <br> *Avez-vous lu le rapport* que je vous ai remis? <br><br> ... – *que je vous ai remis?* <br> Explique-le-lui, *pour qu'il ne commette pas d'erreurs.* <br> Vous entendez *le téléphone sonner*? |

| | | |
|---|---|---|
| **LE SUJET** | mot ou groupe de mots dont le verbe exprime l'action ou l'état | *Le public* le regarde.<br>*Se tromper* est humain. |
| **LE VERBE TRANSITIF** | prend un complément d'objet:<br>    construction transitive directe,<br>    construction transitive indirecte. | Elle regarde la photo. Elle la regarde.<br>Il parle à sa secrétaire.<br>Je m'aperçois de mon erreur. |
| **LE VERBE INTRANSITIF** | ne prend pas de complément d'objet;<br>une construction intransitive n'a pas de complément d'objet | Je marche lentement.<br>Nous avons réfléchi.<br><br>Il parle sans arrêt. |
| **LE VERBE PRONOMINAL** | se conjugue avec *me, te, se, nous, vous* | Il *s'informe* et *se rassure*.<br>Vous *vous plaignez*. |
| **LA VOIX ACTIVE** | le sujet est considéré comme agissant, actif | *Le ministre prononcera* un discours.<br>*Le directeur* m'a *convoquée*. |
| **LA VOIX PASSIVE** | le complément d'objet direct devient le sujet du verbe, et on emploie l'auxi-liaire *être* | Un discours sera prononcé par le ministre.<br>J'ai été convoquée par le directeur. |

Source: adapté de Jean Fletcher *et al.*, *Des mots pour l'écrire*, 2e édition, Montréal, Études Vivantes, 1993, p. 245-248.

## TABLEAU 9   L'accord du verbe avec le sujet

1. **Le sujet collectif suivi d'un complément**

   *Règles générales*

   a) Le verbe s'accorde avec le nom collectif si ce dernier est précédé de l'article défini, ou d'un adjectif démonstratif ou possessif.
   **Ex.:** La masse de documents *était* impressionnante.

   b) Le verbe s'accorde soit avec le complément, soit avec le collectif si ce dernier est précédé de «un» ou de «une» selon que l'auteur considère les choses (les êtres) dans leur pluralité ou dans leur généralité.
   **Ex.:** Une dizaine de clients *regardaient* la devanture.
   Une série de mesures *a été prise* (ont été prises) récemment.

   *Exceptions*

   c) Le verbe s'accorde avec le complément si son sujet est un *adverbe de quantité*: «beaucoup de», «combien de», «la plupart de», «bien des», «quantité de», «nombre de», «peu de», «trop de», «assez de», «tant de», etc.
   **Ex.:** Combien *réussissent* à ce concours? (Combien de candidats)
   La plupart des cadres *réclament* des changements.

   d) Le verbe se met au singulier ou au pluriel selon l'intention de l'auteur après les expressions «plus d'un», «la moitié des», «un des», «le peu de», etc.
   **Ex.:** Plus d'une erreur *a été commise*.
   Plus d'un ouvrier, plus d'un mineur *ont refusé* l'entente.

2. **Cas particuliers**

   a) Avec «l'un et l'autre», le verbe prend le pluriel.

   b) Si plusieurs sujets simplement juxtaposés sont des synonymes ou constituent une gradation, le verbe s'accorde avec le dernier sujet.
   **Ex.:** Une bêtise, une erreur, une faute peut arriver.

   c) Avec «l'un ou l'autre» ou «ni l'un ni l'autre», le verbe prend généralement le singulier (si l'un exclut l'autre).

   d) Avec une indication numérale, le verbe est généralement au pluriel.

   e) Avec plusieurs sujets en opposition, le verbe s'accorde généralement avec le plus rapproché.

   f) Lorsque les sujets sont joints par une conjonction qui marque la comparaison («ainsi que», «comme», «de même que», etc.), le verbe s'accorde avec le premier sujet.

   g) Si la conjonction marque l'addition, le verbe s'accorde avec les deux sujets.

# TABLEAU 10    L'accord du participe passé

| PARTICIPE PASSÉ utilisé | ACCORD avec | EXEMPLES |
|---|---|---|
| SEUL (sans auxiliaire) | la personne ou la chose désignée | a) Convaincue de la pertinence du projet, *elle* décida de l'aider.<br>b) *Les augmentations* proposées par la direction sont minimes. |
| avec ÊTRE | le sujet | a) *Ils* sont restés sur le chantier tout l'après-midi.<br>b) *Cette affiche* est devenue un véritable symbole. |
| avec AVOIR | le COD avant le verbe | a) Vous avez recommandé *cette candidate*<br>b) Cette candidate, nous l'avons retenue*.<br>c) Il a lu les évaluations *que* vous lui aviez remis*es*. |
| avec AVOIR et suivi d'un infinitif | le COD avant le verbe si le COD fait l'action exprimée par l'infinitif | a) Les gens *que* j'ai vus réussir.<br>b) Les événements *que* j'ai dû analyser. |
| | pas d'accord si le COD est un infinitif sous-entendu | Il a appelé tous les collègues qu'il a pu. («appeler» est sous-entendu). |

*Cas spéciaux*

1. Le participe passé «fait» suivi d'un infinitif est invariable.
   **Ex.:** Les témoins qu'il a fait venir.

2. Le participe passé des verbes impersonnels (il y a eu, il a fallu, etc.) est invariable.
   **Ex.:** Les sommes qu'il a fallu débourser.

3. Les participes passés «coûté», «valu», «passé», «vécu», «pesé» sont invariables quand leur complément exprime le prix, la valeur, la durée ou le poids.
   **Ex.:** Les 3000 dollars que cet ordinateur nous a coûté. (combien?)
   Les efforts que ce travail m'a coûtés.

4. Le participe passé reste invariable s'il a, comme COD placé avant, le pronom «en» ou le pronom neutre «le».
   **Ex.:** Cette analyse financière est moins difficile que je ne l'aurais cru.
   La secrétaire vous a demandé d'acheter des fichiers. En avez-vous acheté?

## TABLEAU 11 — L'accord du participe passé des verbes pronominaux

| VERBES PRONOMINAUX | ACCORD avec | EXEMPLES |
|---|---|---|
| réfléchis ou réciproques | le COD avant le verbe | a) Ils *se* sont rencontrés lundi dernier. (Ils ont rencontrés «eux-mêmes».) <br> b) Les paroles *qu'*ils se sont dites. |
| | pas d'accord si le COD suit le verbe | a) Vous vous êtes acheté *cette maison*. <br> b) Elles se sont accordé *des vacances*. |
| | pas d'accord si le verbe est accompagné d'un COI | a) Ils *se* sont parlé toute la soirée. <br> b) Elles *se* sont donné rendez-vous. |
| essentiellement pronominaux (ne peuvent être employés sans le pronom réfléchi) | le sujet | a) *Elle* s'est absentée pour la journée. <br> b) *Nous* nous sommes efforcés de bien écrire. |
| à sens passif | le sujet | a) *Vos livres* se sont très bien vendus. <br> b) *Les changements* se sont faits sans difficulté. |

### Cas spéciaux

1. Le participe passé d'un verbe pronominal suivi d'un attribut s'accorde.
   **Ex.:** Ils se sont trouvés intéressants.

2. Le participe passé d'un verbe pronominal suivi d'un infinitif suit les mêmes règles que lorsque le verbe n'est pas employé pronominalement (*voir le tableau 10*).
   **Ex.:** Ils se sont regardés travailler.

3. Les participes passés des locutions «se porter garant», «se porter caution», «se mettre à dos», «se mettre bien» s'accordent avec le sujet.
   **Ex.:** Nous nous sommes portées garantes de votre transaction.

4. Les participes passés des locutions «se faire l'écho de», «se rendre compte», «se donner raison», etc., et des verbes «se plaire», «se rire», «s'imaginer» sont invariables.
   **Ex.:** Vous êtes-vous rendu compte de votre erreur?

# TABLEAU 12    La concordance des temps

| VERBE PRINCIPAL | RAPPORT | VERBE SUBORDONNÉ | |
| --- | --- | --- | --- |
| | | indicatif | subjonctif |
| 1.  PRÉSENT | a) simultanéité<br>b) postériorité<br>c) antériorité | présent<br>futur simple<br>imparfait<br>passé composé<br>plus-que-parfait<br>passé simple | présent<br>présent<br>passé |
| 2.  PASSÉ | a) simultanéité<br><br><br>b) postériorité<br><br>c) antériorité | imparfait<br>passé composé<br>passé simple<br>conditionnel<br>(futur dans le passé)<br>plus-que-parfait | présent<br><br><br>présent<br><br>passé |
| 3.  FUTUR | a) simultanéité<br>b) postériorité<br>c) antériorité | futur<br>futur<br>futur antérieur | présent<br>présent<br>passé |

**Exemples**

*L'indicatif*

1. a) Il pense que vous travaillez.
   b) Il pense que vous travaillerez.
   c) Il nous raconte ce qui se passait à ce moment-là.
      ce qui s'est passé hier.
      ce qui s'était passé avant votre départ.
      ce qui se passa lors de la réunion.

2. a) Il croyait que vous veniez à l'assemblée.
      Elle a noté ce que vous avez dit.
      Il contesta ce que ses collègues proposèrent.
   b) Elle a compris que le projet se réaliserait.
   c) Les employés ont dit que vous aviez contesté ce point de vue.

3. a) Nous en aurons la confirmation quand il sera là.
   b) Je déciderai à quel moment il faudra acheter.
   c) Nous reviendrons lorsque vous aurez terminé le projet.

*Le subjonctif*

1. a) Elle doute que vous ayez raison.
   b) Elle souhaite que vous gagniez cette cause.
   c) Elle craint que vous ayez commis une erreur.

2. a) Nous avions peur qu'il soit mécontent.
   b) Je doutais qu'il puisse venir à la réunion.
   c) Je craignais qu'il n'ait pas reçu mon invitation.

3. a) Il faudra que vous assistiez à la conférence.
   b) Il faudra que vous y réfléchissiez après l'entrevue.
   c) Il sera essentiel que vous ayez d'abord pris votre décision.

# TABLEAU 13     Les phrases de condition

| SENS | SI + | VERBE PRINCIPAL |
|---|---|---|
| 1. Possibilité / probabilité | présent<br><br>passé composé<br>(plus rarement) | a) présent<br>b) futur<br>c) impératif |
| 2. Hypothèse | imparfait | conditionnel présent |
| 3. Hypothèse dans le passé | imparfait ou<br>plus-que-parfait<br>(plus rarement) | imparfait |
|  | plus-que-parfait | a) conditionnel<br>b) conditionnel passé |

### Exemples

1. Si + Présent
   a) Si vous voulez changer, nous vous conseillons ce modèle.
   b) Si vous le désirez, nous changerons l'horaire.
   c) Si vous avez un moment après la réunion, passez me voir.

   Si + Passé composé
   a) Si vous avez réussi votre travail, nous partons!
   b) Si vous avez fini votre travail à 18 h, nous sortirons.
   c) Si vous avez fini votre travail, partons tout de suite!

2. Si + Imparfait
   Si elle avait son diplôme, nous pourrions l'engager.
   Si je signais ce contrat, j'aurais assez d'argent pour vivre.

3. Si + Imparfait ou Plus-que-parfait
   Si vous ne veniez pas, nous annulions l'événement.
   Si vous n'étiez pas venu, nous annulions l'événement.

   *Si + Plus-que-parfait*
   a) Si vous aviez accepté de négocier, il serait encore avec vous.
   b) Si vous aviez négocié sérieusement, nous aurions évité la grève.

### Rappel

Les locutions «au cas où» et «dans le cas où» sont suivies du conditionnel:
*Apportez tous vos dossiers, au cas où nous en aurions besoin.*

# TABLEAU 14    L'adjectif verbal et le participe présent

---

1. **L'adjectif verbal (-ANT -ENT)**

   - s'accorde en genre et en nombre avec le nom déterminé;
   - marque un état, une qualité.
     **Ex.:** Les réactions des débiteurs sont parfois déconcertantes.

---

2. **Le participe présent (-ANT)**

   - est invariable;
   - exprime une action;
   - peut être employé adverbialement; il est précédé de «en»;
   - peut être suivi d'un complément d'objet ou d'un complément circonstanciel.
     **Ex.:** Voilà une clause déconcertant clients et fournisseurs (qui déconcerte);
     En déconcertant ses créanciers, il a bénéficié d'un sursis de trois mois.

---

3. **Exemples de terminaisons**

   | *L'adjectif verbal* | *Le participe présent* |
   | --- | --- |
   | «…ent» | «…ant» |
   | adhérent, influent, etc. | adhérant, influant, etc. |
   | «…ent» | «…eant» |
   | négligent | négligeant |
   | «…cant» | «…quant» |
   | convaincant, provocant, etc. | convainquant, provoquant, etc. |
   | «…gant» | «…guant» |
   | fatigant, navigant, etc. | fatiguant, naviguant, etc. |

# TABLEAU 15    L'accord de l'adjectif: cas particuliers

1. **«Demi»**

   - Invariable lorsqu'il est placé devant un nom.
     **Ex.:**  Une demi-heure

   - S'accorde en genre (non en nombre) lorsqu'il est placé après le nom.
     **Ex.:**  Trois heures et demie

2. **«Ci-annexé», «ci-joint», «ci-inclus»**

   - Invariables lorsqu'ils sont placés en début de phrase ou devant le nom.
     **Ex.:**  Vous trouverez ci-joint les documents demandés.

   - Variables lorsqu'ils sont placés après le nom qu'ils qualifient.
     **Ex.:**  La note ci-incluse vous renseignera à ce sujet.

3. **«Possible»**

   - Invariable lorsqu'il forme une locution adverbiale avec «le plus», «le moins», «le mieux».
     **Ex.:**  Nous voulons le moins d'interventions possible.

4. **«Étant donné»**

   - Variable ou invariable.
     **Ex.:**  Étant donné la nature du problème.
     Étant donnée la situation.

5. **«Compris», «excepté», «passé», «ôté»**

   - Invariables lorsqu'ils sont placés avant le nom.

   - Variables lorsqu'ils sont placés après le nom.

6. **Les adjectifs de couleur**

   - Variables pour les adjectifs simples.
     **Ex.:**  Les chemises rouges.

   - Invariables pour les adjectifs composés et les noms employés comme adjectifs.
     **Ex.:**  Les fiches orange. Les peintures bleu vif.

7. **Les adjectifs après «des plus», «des moins», «des mieux»**

   - Se mettent généralement au pluriel.
     **Ex.:**  Une offre des plus intéressantes.

   - Se mettent parfois au singulier. «Des plus» a alors le sens de «très».
     **Ex.:**  Une question des plus importante.

8. **«Tel», «tel que», «comme tel», «tel quel»**

   - «Tel» s'accorde avec le ou les noms qui suivent.
     **Ex.:** Les avantages sociaux telle l'assurance-vie.

   - «Tel que», «comme tel», «tel quel» s'accordent avec le nom auquel ils se rapportent.
     **Ex.:** Les conditions sont telles qu'il nous faudra un associé.

9. **«Quelque», «quel que»**

   - «Quelque», adjectif indéfini, s'accorde avec le nom.
     **Ex.:** Quelques vendeurs venaient d'arriver.

   - «Quelque», adverbe, reste invariable.
     **Ex.:** Elle a travaillé à ce projet quelque 200 heures (sens: environ 200 heures).

   - «Quelque» + nom + «qui» ou «que», adjectif indéfini, s'accorde avec le nom qui suit immédiatement.
     **Ex.:** Quelques excuses que vous avanciez...

   - «Quelque» + adj. ou adv. + «que», adverbe, est invariable.
     **Ex.:** Quelque satisfaites qu'elles soient...

   - «Quel que», adjectif, s'accorde avec le nom auquel il se rapporte.
     **Ex.:** Quelles que soient les mesures prises...

10. **«Même»**

   - «Même», adjectif, s'accorde avec le nom ou le pronom auquel il se rapporte.
     **Ex.:** Nous avons les mêmes préoccupations que vous.

   - «Même», pronom, s'accorde avec le mot qu'il remplace.
     **Ex.:** Mes responsabilités sont les mêmes qu'avant.

   - «Même», adverbe, est invariable.
     **Ex.:** Même les plus récalcitrants ont signé.

## TABLEAU 16    Tout

| NOM | un tout, le tout | Envoyez le tout à cette adresse. |
|---|---|---|
| PRONOM | tout, tous, toute, toutes<br><br>l'«s» final de «tous» se prononce | Il a *tout* fini.<br>*Tout* est bien qui finit bien.<br>Il les a *tous* rencontrés.<br>*Toutes* voulaient prendre la parole.<br>Une fois pour *toutes*. |
| ADJECTIF | tout, tous, toute, toutes | *tout* le monde<br>*toute* l'année<br>*tous* les employés<br>*toutes* les informations<br>Je peux intervenir à *tout* moment.<br>On téléphone *tous* les jours.<br>en *tout* cas,<br>*toutes* proportions gardées, de *toute(s)* façon(s)<br>*tout* ce qui, *tout* ce que |
| ADVERBE | tout<br><br><br><br><br><br>tout, toute<br><br>On écrit «toute(s)» devant un adjectif féminin qui commence par une consonne ou un «h» aspiré. | *tout* près d'ici<br>*tout* droit<br>Ils sont *tout* désolés. (= vraiment, entièrement)<br>les *tout* derniers chapitres<br>*Tout* en m'écoutant, elle prenait des notes.<br><br>*tout* entière mais *toute* dévouée<br>                *toutes* dévouées<br>*tout* occupée mais *toute* honteuse |

*Rappel*

«Tout(e) autre» peut être adjectif ou adverbe.

- Adjectif (sens: n'importe quel(le) autre);
  **Ex.:** Toute autre plainte doit lui être envoyée.

- Adverbe (sens: tout à fait autre).
  **Ex.:** Je m'attendais à une tout autre attitude.

# TABLEAU 17     Les pronoms relatifs

| | Fonction sujet | Fonction objet | Fonction complément introduit par «de» | Fonction complément introduit par «à», «chez», «pour», etc. |
|---|---|---|---|---|
| **Antécédent nom de personne** | qui | que<br>qu' | dont<br>de qui, duquel<br>de laquelle<br>desquels<br>desquelles | qui<br>lequel,<br>laquelle<br>lesquels<br>lesquelles |
| **Antécédent nom de chose** | qui | que<br>qu' | dont<br>duquel,<br>de laquelle<br>desquels<br>desquelles | lequel,<br>laquelle<br>lesquels<br>lesquelles |
| **Antécédent phrase / proposition — ou sans antécédent** | (ce)<br>qui | (ce)<br>que<br>(ce)<br>qu' | (ce) dont | (ce)<br>+ préposition<br>+ quoi |
| | Temps et espace | où (dans lequel) | | |

### Exemples

1. Antécédent nom de personne
   a) Le client *dont* je vous ai parlé.
   b) Les ingénieurs à l'aide *desquels* j'ai réalisé cet appareil.
   c) L'informaticien avec *qui* je travaille.

2. Antécédent nom de chose
   a) L'ordinateur *dont* vous avez besoin.
   b) Le livre *dont* les pages sont déchirées.
   c) L'entreprise pour *laquelle* je travaille.
   d) Les appareils, sans *lesquels* nous ne pourrions pas faire ces calculs, sont difficiles à trouver.

3. Antécédent phrase / proposition ou sans antécédent
   a) Les choses ont mal tourné, *ce que* je regrette.
   b) *Ce dont* vous avez envie, c'est d'agir à votre guise.
   c) Ce n'est pas *ce à quoi* je pensais.
   d) Ce congrès était bien organisé, *ce dont* nous vous remercions.

# TABLEAU 18    Les conjonctions

## LES CONJONCTIONS DE COORDINATION

Elles servent à joindre
- des mots ou des groupes de mots
- des propositions
- des phrases

**Ex.:** Les technologies de l'information transforment le travail, l'économie *et* même notre vie.
J'ai payé des primes d'assurances, *donc* je peux demander des prestations.
Les entreprises se modernisent *et* investissent dans les installations *et* les équipements.

| RAPPORT | |
|---------|--|
| 1. Addition | Et, puis, ensuite, alors, ni, etc. |
| 2. Cause | Car, en effet, etc. |
| 3. Conséquence | Donc, aussi, alors, ainsi, par conséquent, etc. |
| 4. Opposition-restriction | Mais, cependant, toutefois, néanmoins, pourtant, etc. |
| 5. Alternative | Ou, soit… soit, ou bien, etc. |

## LES CONJONCTIONS DE SUBORDINATION

Elles servent à unir des propositions (une proposition subordonnée à la proposition dont elle dépend).
**Ex.:** Nous commencerons *lorsque* nous serons prêts.

| RAPPORT | |
|---------|--|
| 1. Cause | Parce que, puisque, étant donné que, vu que, attendu que, d'autant que, etc. |
| 2. But | Afin que, pour que, etc. |
| 3. Conséquence | De façon que, si bien que, de sorte que, de manière que, etc. |
| 4. Opposition / concession | Bien que, quoique, tandis que, alors même que, malgré que (emploi à éviter), etc. |
| 5. Condition / supposition | Si, à condition que, pourvu que, au cas où, si ce n'est que, si tant est que, etc. |
| 6. Temps | Quand, lorsque, dès que, aussitôt que, en attendant que, à mesure que, etc. |
| 7. Comparaison | Comme, ainsi que, de même que, selon que, etc. |

# Bibliographie

## Dictionnaires

COLIN, Jean-Paul. *Dictionnaire des difficultés du français*, Paris, Dictionnaires Le Robert, 1994.

COLPRON, Gilles. *Dictionnaire des anglicismes*, Québec, Beauchemin, 1994 (offert aussi en version CD ROM/DOC).

DAGENAIS, Gérard. *Dictionnaire des difficultés de la langue française au Canada*, 2ᵉ édition, Boucherville, Éditions françaises, 1990.

DE VILLERS, Marie-Éva. *La Grammaire en tableaux*, Montréal, Québec/Amérique, 1993.

DE VILLERS, Marie-Éva. *Multidictionnaire de la langue française*, Montréal, Québec/Amérique, 1993.

HANSE, Joseph. *Nouveau dictionnaire des difficultés du français moderne*, 2ᵉ édition, Paris, Duculot, 1991.

ROBERT, Paul. *Le Petit Robert 1: Dictionnaire alphabétique et analogique de la langue française*, Paris, Dictionnaires Le Robert, 1995.

*Robert-Collins: Dictionnaire français-anglais / anglais-français*, Paris, Dictionnaires Le Robert, London Glasgow et Toronto, Collins; New York, Harper & Row; 1995.

## Grammaires

BESCHERELLE, Louis Nicolas. *L'Art de conjuguer*, Montréal, Hurtubise HMH, 1996.

BESCHERELLE, Louis Nicolas. *Le Nouveau Bescherelle III: La grammaire pour tous*, Montréal, Hurtubise HMH, 1995.

GREVISSE, Maurice. *Le Bon Usage*, Paris-Gembloux, Duculot, 1993.

GREVISSE, Maurice. *Précis de grammaire française*, Paris-Gembloux, Duculot, 1995.

OLLIVIER, Jacqueline. *La Grammaire française*, Laval, Études Vivantes, 1993.

## Ouvrages spécialisés

CAJOLET-LAGANIÈRE, Hélène. *Le Français au bureau*, 4ᵉ édition, Montréal, Cahiers de l'Office de la langue française, 1996.

CAJOLET-LAGANIÈRE, Hélène, COLLINGE, Pierre, LAGANIÈRE, Gérard. *Rédaction technique*, Sherbrooke, Éditions Laganière, 1992.

CLAS, André, HORGUELIN, Paul A. *Le Français, langue des affaires*, 3ᵉ édition, Montréal, McGraw-Hill, 1991.

CLAS, André, SEUTIN, Émile. *Recueil des difficultés du français commercial*, Montréal, McGraw-Hill, 1980.

DUFOUR, Hélène. *Communications d'affaires*, 2ᵉ édition, Montréal, McGraw-Hill, 1992.

DUFOUR, Hélène, LÉVESQUE, Lucette. *Communications d'affaires*, Montréal, McGraw-Hill, 1987.

MORIN, Victor. *Procédures des assemblées délibérantes*, Laval, Éditions Beauchemin, 1994.

RAMAT, Aurel. *Le Ramat de la typographie*, Saint-Lambert, Aurel Ramat, 1994.

SOHIER, Danny J. *Le Guide de l'internaute*, Montréal, Logiques, 1996.

STORME, Françoise. *Le Français des affaires*, Montréal, Guérin, 1990.

# Index grammatical

L'index suivant inclut également celui des codes typographique et épistolaire.

# Index lexical

L'index suivant n'est pas exhaustif. Nous proposons des termes que l'on retrouve en contexte dans le manuel.